決算書

サクッとわかる

ビジネス教養

川口宏之 監修
公認会計士

新星出版社

はじめに introduction

一度、身につければ一生モノ！
「決算書ってこんなに面白いんだ！」

「数字はちょっと苦手で……」
「決算書を見ても、よくわからないんだよなぁ」
「私は経理職じゃないから、決算書なんて関係ないでしょ」

――そんな声を、たびたび耳にします。

しかし、「決算書」はビジネスパーソンの必須科目です。「会計はビジネスの共通言語」という言葉があるように、業種や職種を問わず、決算書に書かれている内容は、当たり前のように言語として使いこなせる必要があります。

決算書を読むスキルは、生涯にわたってあなたを助けてくれる強力な武器になります。どんな業種でも、海外の企業でも、基本的な決算書の構造や、その決算書を読み解く手順やポイントはほとんど同じです。読み手が企業間比較できるよ

うに、決算書は統一的な作成ルールになっているからです。

そのため、仮にあなたが異業種に転職しても、外資系企業で働くことになっても、決算書の読み方そのものは普遍的なので、一度、身につければ一生モノです。

「そうは言っても難しそう」

「自分にはとても無理……」

そんな声が聞こえてきそうですが、大丈夫です！　本書はそのような超初心者のために書かれた本です。

イラストや図を使って、可能な限りかみ砕いて解説しています。そして、イメージしやすいように、有名企業の決算書を事例として豊富に掲載しました。

無味乾燥に見える決算書も、実は、その企業で働く人たちの血と汗と涙の結晶がギュッと凝縮されているのです。本書を読み終える頃には、「決算書ってこんなにも面白いものだったのか！」と感じるはずです。

どうぞ楽しみながら読み進めてみて下さい。

公認会計士　川口宏之

サクッとわかるビジネス教養

決算書 CONTENTS

2……はじめに

Topics カンタン！決算書の初歩

8……〈決算書ってナニ？〉
決算書は会社の経済活動の中身や財政状況を数字であらわしたもの！

10……〈決算書はダレに必要？〉
決算書は会社の実情をステークホルダーに正しく伝えるツール！

12……〈決算書にはナニがある？〉
異なる役割をもつ3つの決算書、財務3表に注目！

14……〈決算書が読めるとナニができる？〉
決算情報を読み解けば会社の客観的な実情がわかり経営や業務に役立てられる！

Chapter 1 損益計算書のキホン

18……ザックリいって損益計算書ってどんなもの？

20……Financial Statement 01 損益計算書にはナニが書かれている？

24……Financial Statement 02 損益計算書には2つの形式がある

26……Financial Statement 03 収益と費用をもっと詳しく見てみよう

30……Financial Statement 04 損益計算書の5つの利益に着目する

34……任天堂の損益計算書を見てみよう

36……Financial Statement 05 損益計算書のココをチェックしよう

38……オリエンタルランドの損益計算書を見てみよう

Financial Statement 06 連結決算ってどんなもの？……42

Financial Statement 07 ＩＦＲＳ（国際財務報告基準）とはナニか？……44

Chapter 2

貸借対照表のキホン

ザックリいって貸借対照表ってどんなもの？……50

Financial Statement 08 貸借対照表にはナニが書かれている？……52

Financial Statement 09 資産、負債をもっと詳しく見てみよう……56

Financial Statement 10 純資産をもっと詳しく見てみよう……60

Financial Statement 11 貸借対照表のココをチェックしよう……62

ＣｏＣｏ壱番屋の貸借対照表を見てみよう……64

Chapter 3

経営分析とビジネスモデル

会社の経済活動の結果をあらわす決算書にはビジネスモデルや経営戦略が反映されている！……70

Financial Statement 12 商品やサービスの儲けるチカラを読み取る……72
➡ ＺＯＺＯ、ユニクロ、西松屋の売上総利益率

Financial Statement 13 本業だけでどれだけ儲けるかを読み取る……78
➡ キーエンス、ローム、ディスコの営業利益率

Financial Statement 14 ふだんの経営でどれだけ儲けるかを読み取る……84
➡ ヤクルト本社、任天堂、コーエーテクモの経常利益率

Financial Statement 15 会社の最終的な利益を読み取る …… 90
↓オービック、ワークマン、ビックカメラ、シャープ、ユニチカの当期純利益率

Financial Statement 16 会社の資産を有効に使っているかを読み取る …… 96
↓ウエルシア、三井不動産、リコーリース、キャンドゥ、サンドラッグ、ジョイフル本田の総資産回転率

Financial Statement 17 有効に使われていない資産を読み取る …… 102

Financial Statement 18 経営状況の良し悪しを読み取る …… 104
↓カプコン、スクウェア・エニックス、セガサミー、リンガーハット、木曽路、壱番屋の総資産利益率（ROA）

ROE（自己資本利益率）ってナニ？ …… 109

Financial Statement 19 短期間の支払能力を読み取る …… 110

Financial Statement 20 長期間の支払能力を読み取る …… 112

Financial Statement 21 財務状況の安全性、健全性を読み取る …… 114
↓任天堂、ドトール・日レス、エイチ・アイ・エス、イオンの自己資本比率

Financial Statement 22 会社の成長性を読み解く …… 118
↓モノタロウ、オープンハウスの売上高成長率、総資本増加率

Financial Statement 23 雑貨小売業3社の経営数字、指標を比較する …… 122
↓良品計画、セリア、コーナン商事の比較

Financial Statement 24 飲料メーカー3社の経営数字、指標を比較する …… 128
↓伊藤園、ヤクルト本社、ダイドーグループの比較

Financial Statement 25 Jリーグクラブの収支を比べてみよう …… 134

Chapter 4

キャッシュ・フロー計算書のキホン

140 ザックリいってキャッシュ・フロー計算書ってどんなもの？

142 Financial Statement 26 3つのキャッシュの増減に着目する

148 Financial Statement 27 3つのキャッシュをどう読み取るか

153 結局、C/Fはどう見ればいい？

154 Financial Statement 28 C/Fを読めばこんなこともわかる

156 Financial Statement 29 財務3表はどう関係しているか

158 おわりに

159 次に読む本

本書は特に表記がない限り、2024年11月時点での情報を掲載しています。本書の利用によって生じる直接的、間接的被害等について、監修者ならびに新星出版社では一切の責任を負いかねます。あらかじめご了承ください。

Column

16 会社法、金融商品取引法、税法に基づく決算書とは？

48 包括利益と当期純利益は何が違う？

68 科目の並びは流動性が高いものが上位

138 株価指標のPER、PBRとはどんなもの？

STAFF

デザイン・DTP　田中由美

イラスト　横井智美

編集協力　和田秀実、㈲クラップス

決算書ってナニ?

決算書は会社の**経済活動**の中身や**財政状況**を数字であらわしたもの！

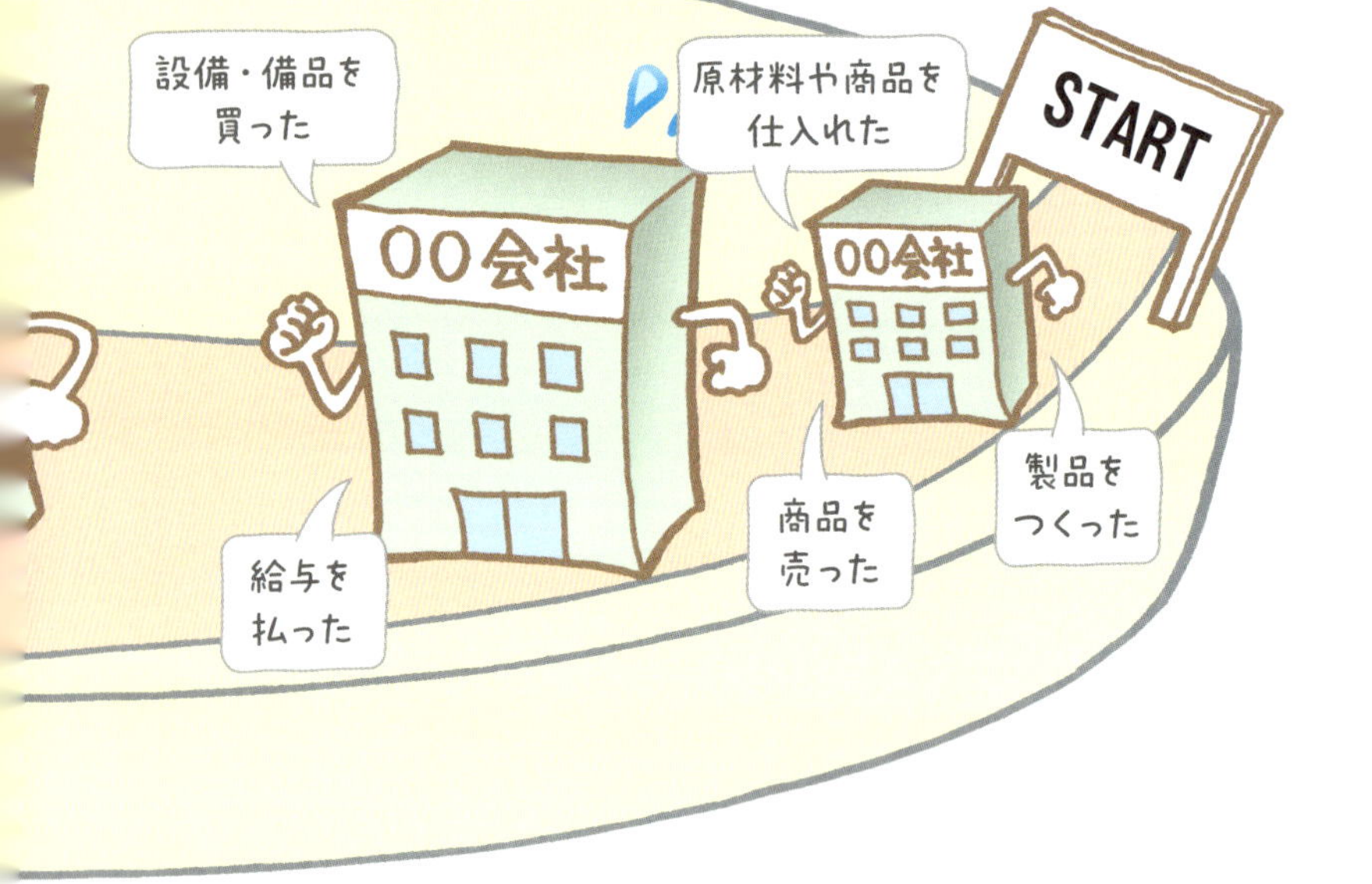

決算は1年間の儲けと財政状況のまとめ

会社は日々どんなことをしているでしょうか？　例えば原材料を仕入れて、製品をつくる。仕入れた商品を売る。必要な設備や備品を買い、社員に給与を支払う。必要な資金を銀行から借りたり、所有する不動産や株式を売る。こうした**様々な取引**、つまり**経済活動**を、**１年間**で区切り、その結果を**数字でまとめる**作業——これが**決算**です。

会社は経済活動を通して収益を得たら、税金を払わなくてはなりません。決算はその**税額を正しく計算して納税**するために

必要な作業でもあります。

そして決算によってつくられる書類が、**決算書**です。ここには1年間の経済活動の中身のほか、決算時点での会社の財産※など**財政状況**も示されます。

会計ビギナーにとって決算書は、文字と数字が羅列した、とっつきにくいものに見えるでしょう。でも、そこに何が書かれているかを**読み解く技術を身につければ**、決算書1つでその会社が**どんな経営をしているか**、手にとるようにわかるのです。

決算書を読み解く技術は、すべての**ビジネスパーソンに求められる必須のスキル**です。基礎知識から学んでいきましょう。

※手持ちの現預金などプラスの財産を資産、借金などマイナスの財産を負債という。

決算書はダレに必要？

決算書は会社の実情を ステークホルダーに 正しく伝えるツール！

利害関係者に必要な情報を作成・開示する

決算書は誰に向けて、何のためにつくられるのでしょうか？それは会社と利害が関係する様々なステークホルダー（利害関係者）に対して、収支や財政

今後の経営や
日々の業務に役立てよう！
決算書
決算書
経営者・幹部・リーダー・社員

決算書にまとめた中身は
すべての利害関係者に
必要な情報です！
決算書

状況など**会社の実情を報告する**ためにつくる必要があるのです。
　ステークホルダーとは、社内の**経営者**・幹部・リーダー・社員はもとより、社外の**取引先**や**顧客**、**税務署**、**金融機関**、**株主**・**投資家**なども含まれます。例えば取引先や顧客は商いのやりとりをしても安心かどうかを、税務署なら正しく納税がされているかを、金融機関はお金を貸しても大丈夫かを、決算書を見て分析し、判断します。会社は経済活動の中身や財産の状況をあらわした決算書をつくり、開示することで、ステークホルダーに**会社の現在の姿**、**内情を正しく伝える**責任があるのです。

どんな会社か、安心して取引できるか知りたい！
決算書
決算書
取引先・顧客

正しく納税されているか確認したい！
税務署
決算書
申告書
税務署

お金を貸しても大丈夫か判断したい！
BANK
決算書
金融機関

お金を出して儲けられるか分析したい！
決算書
株主・投資家

会社の財産がわかる！
B/S
貸借対照表
会社の成績がわかる！
P/L
損益計算書

決算書にはナニがある?

異なる役割をもつ3つの決算書、財務3表に注目！

会社のお金の動きがわかる!
C/F
キャッシュ・フロー計算書

ひとクチに決算書といってもいろいろある

決算書は、ステークホルダーに向けてつくられるいくつかの書類の総称です。財務諸表、計算書類ともいいます。なかでもとくに重要な3つの決算書を、主要財務3表と呼び、それぞれ異なる役割をもっています。

その1つ、損益計算書は、1年間の経済活動の結果、何によっていくら稼ぎ、儲けたか。また何にいくら費用がかかったかなどの経営成績をあらわします。会社のお金儲けのしくみがわかる決算書です。

また貸借対照表は、会社の会計期間の区切りである期末（決算日）の時点で、資産がどんな形でいくらあるか、借金（負債）は何にいくらあるか、儲けの蓄《たくわ》えはいくらあるかなどの財政状況をあらわします。会社のお金の状況がわかる決算書です。

もう1つ、キャッシュ・フロー計算書は、現金などのキャッシュがどこからどんな形で入ってきたか、また借金返済などのキャッシュがどこへどんな形で出ていったかという、1年間のキャッシュの動き、出入りをあらわします。会社のお金の回り具合がわかる決算書です。

決算書が読めると
ナニができる?

決算情報を読み解けば 会社の客観的な実情がわかり 経営や業務に役立てられる！

売上表
本当に儲かっている？
いくら稼いでいる？
決算書
○○社
○○社債
どんな資産がいくらある？

経営分析で会社の知りたいことがわかる

決算書には会社の様々な実情をあらわす重要な情報が載っています。この**情報を読み解く力**、**分析**する技術を身につければ、**ビジネスに大いに役立てる**ことができます。

例えば、会社がいくら稼いでいるか。あるいは損をしているか。利益はどれだけ確保しているか。元手を効率良く売上に結びつけているか。資金繰りは大丈夫か。倒産のリスクはないか。将来的な成長を見込めるか——これらはすべて、決算書の数字と、そこから導き出される様々

な**経営指標**を使った**経営分析**によって読み解くことができます。

また決算書には、その会社の**経営戦略や特性**、**ビジネスモデルが反映**されるものです。どんな方法で稼ぎ、儲けているのか＝**収益の構造**や、何に費用をかけているのか＝**コストの構造**は、会社ごとに特徴があります。それらを読み解くことで、その会社の**強み・弱み**をつかむことができます。

このように決算書を使いこなせるようになれば、ビジネスパーソンとして**1つ上に成長**できます。さあ、あなたも、まずは基本知識の習得から始めましょう！

会社法、金融商品取引法、税法に基づく決算書とは?

13ページで「決算書はいくつかの書類の総称」といいましたが、具体的にはどんな書類でしょうか。

まず**会社法**という法律により、すべての会社に作成が義務づけられている決算関係の書類には、①貸借対照表、②損益計算書、③株主資本等変動計算書、④個別注記表、があります。③は貸借対照表の純資産が1年間でどれだけ変動したかをあらわす書類、④は重要な会計方針などについての注記です。この4つの書類を会社法では「**計算書類**」といいます。

この他に、計算書類の内容を補足する書類として、会社の現状に関する重要事項を記載した事業報告書と、計算書類などの内容をより詳しく記載した附属明細書の2つを加えたものを「**計算書類等**」といい、これらは10年間の保管が義務づけられています。

また上場(株式公開)会社に対しては、**金融商品取引法**により「**財務諸表**」の作成が義務づけられています。財務諸表には貸借対照表、損益計算書、株主資本等変動計算書、附属明細書に加え、キャッシュ・フロー計算書があります。

さらに**税法**(法人税法など)では、法人税の確定申告時に、貸借対照表、損益計算書、株主資本等変動計算書、勘定科目内訳明細書、事業概況説明書などの書類の添付が求められています。

Chapter 1

損益計算書のキホン

ザックリいって損益計算書ってどんなもの？

損益計算書は会社の経営の“**成績表**”といえます

2 会社の**一定期間**※の**経営の成績**が数字であらわされています

※会社の1事業年度（1会計期間）。通常は1年間。

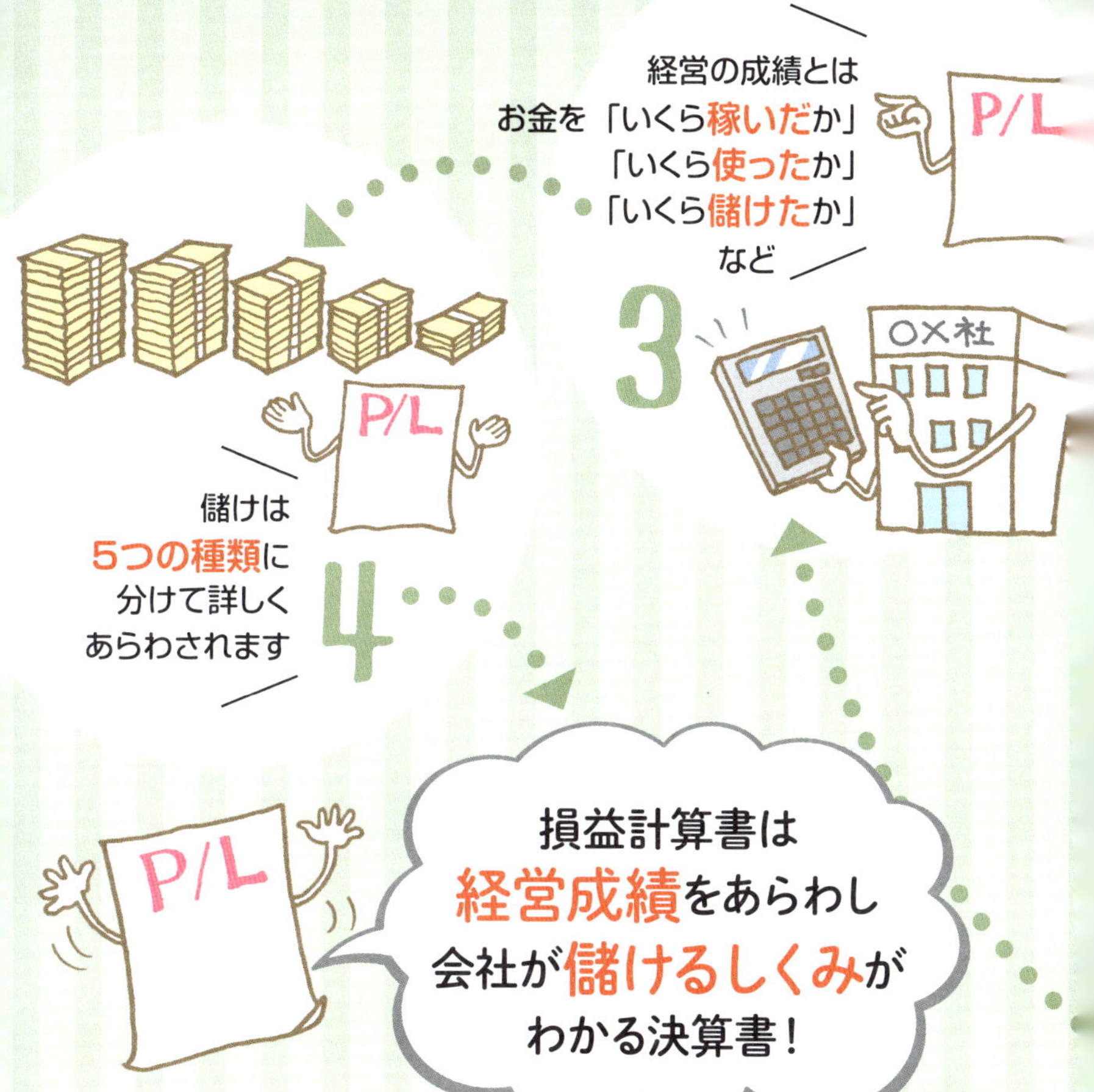
経営の成績とは
お金を「いくら稼いだか」
「いくら使ったか」
「いくら儲けたか」
など
P/L
3
○×社
P/L
4
儲けは
5つの種類に
分けて詳しく
あらわされます
P/L
損益計算書は
経営成績をあらわし
会社が儲けるしくみが
わかる決算書!

1年間の経営の結果をまとめた書類

決算書には主に3つの書類があり、その1つが**損益計算書**です。会社が1年間の経営の結果、どのようにして、いくら**稼いだ**か、稼ぐために何に、いくら**使った**か、いくら**儲けた**かを、数字(金額)であらわした書類です。

儲けは、その中身や性格から**5つの種類**に分けられます。これにより会社がどのようにして儲けを生み出したのか、**儲けるしくみ**を読み解くことができます。なお損益計算書は英語名を略して「**P/L**(ピー・エル)※」と表記します。

※英語名「プロフィット・アンド・ロス・ステイトメント(Profit and Loss Statement)」の略称。

Financial Statement 01

損益計算書には ナニが書かれている?

損益計算書の3つの要素

Point 1

会社の収益、費用、利益が書かれている

損益計算書には、会社が1年間で、①いくら稼いだか(収益)、②いくら使ったか(費用)、③いくら儲かったか(利益)が書かれています。

収益、費用、利益の中身を詳しく見ると左のようになります

Point 2

3つの収益、5つの費用、5つの利益に注目!

収益は売上高など3つ、費用は売上原価など5つ、利益は当期純利益など5つの種類があります。

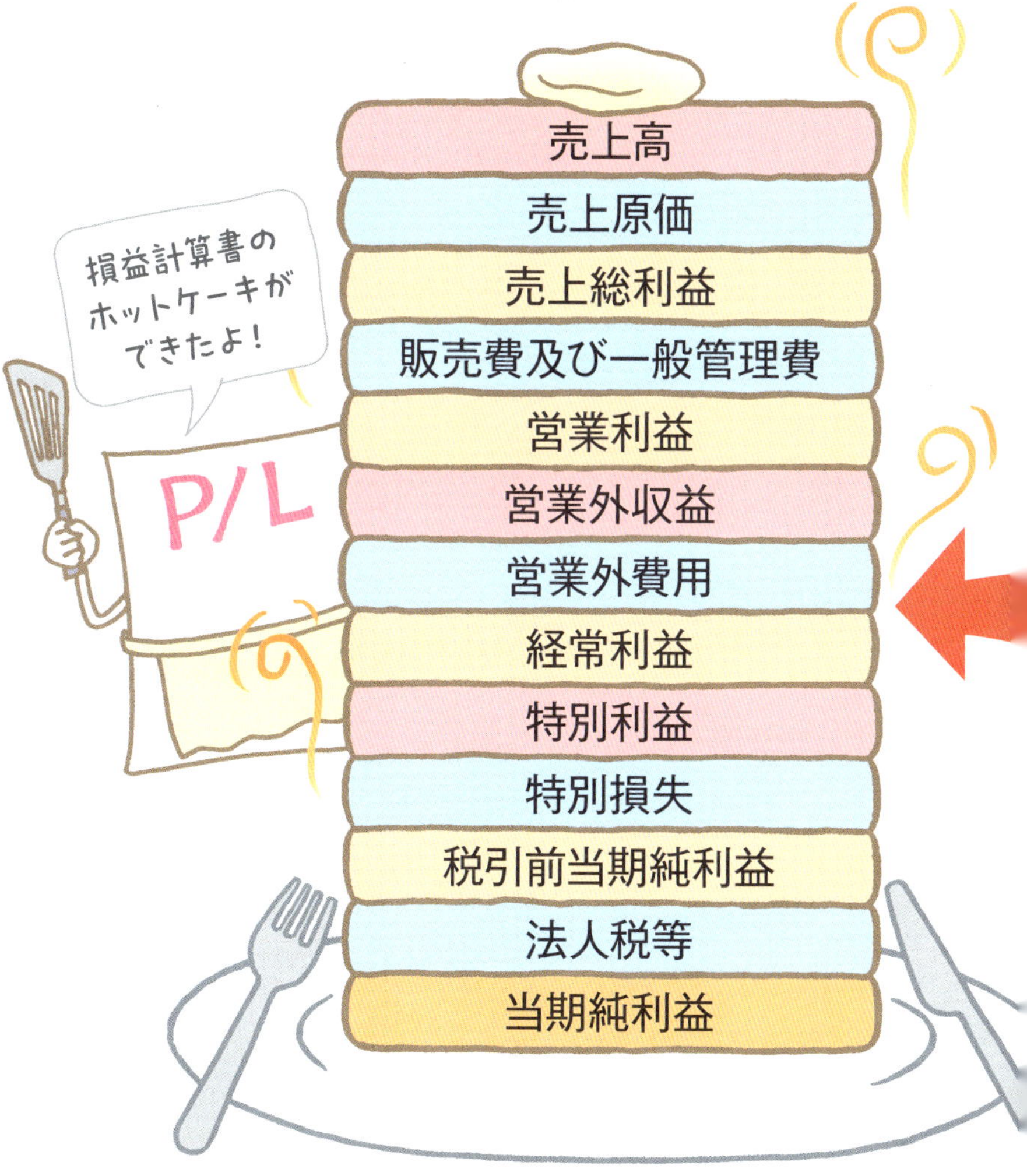

Point 1

会社の収益、費用、利益が書かれている

損益計算書で会社の経営成績がわかる

損益計算書には、会社の１事業年度（１会計期間、通常１年間）の経営成績が数字（金額）であらわされています。損益計算書にあらわされる会社の経営成績は大きく分けて、収益、費用、利益の３つです。収益は商品やサービスを提供して得た売上など、費用は商品や原材料の仕入代金、人件費などの経費、利益は収益から費用を差し引いた残りです。

＼ 経営成績① ／

いくら稼いだか

→**収益**

（入ってきたお金）

＼ 経営成績② ／

いくら使ったか

→**費用**

（出ていったお金）

＼ 経営成績③ ／

いくら儲かったか

→**利益**

（残ったお金）

利益は
収益から費用を
差し引いた分！
P/L

損益計算書には会社の経営成績があらわされています。経営成績とは、会社が1年間でいくら稼いだか（収益の額）、いくら使ったか（費用の額）、いくら儲かったか（利益の額）です。利益の額は会社が稼いだ「収益」から、出ていったお金である「費用」を差し引けばわかります。計算式だと〈収益－費用＝利益〉です。この式は組み替えると〈費用＋利益＝収益〉となります。これを視覚的にあらわしたのが20ページのホットケーキミックス粉の絵です。左側に費用と利益が描かれ、右側はその2つと同じ大きさの収益が描かれています。

Point 2

3つの収益、5つの費用、5つの利益に注目!

収益、費用、利益の具体的な中身は?

損益計算書では、収益は**3つ**、費用は**5つ**、利益も**5つ**に区分してあらわされます。それによりどんな収益や費用が、どんな利益（または損失）を生み出したのかが詳しくわかるようになっています。

3つの収益

- 売上高
- 営業外収益
- 特別利益

5つの費用

- 売上原価
- 販売費及び一般管理費
- 営業外費用
- 特別損失
- 法人税等

5つの利益

- 売上総利益
- 営業利益
- 経常利益
- 税引前当期純利益
- 当期純利益

3つの収益、
5つの費用から
利益が生まれる!
P/L

一方、21ページの絵を見ると、上から売上高、売上原価、売上総利益というように、収益・費用・利益が、より具体的な内容に分けられて並んでいます。

この絵で売上高や営業外収益などピンク色の**3つの項目は収益**。ブルー色の売上原価や営業外費用など**5つの項目は費用**。オレンジ色の当期純利益など**5つの項目は利益**※です。

20ページの絵も、21ページの絵も、実は同じ損益計算書なのですが、このように形式や表示の仕方が異なる2通りのあらわし方があります。

※利益はマイナスだと損失になる。

損益計算書には2つの形式がある

報告式と勘定式

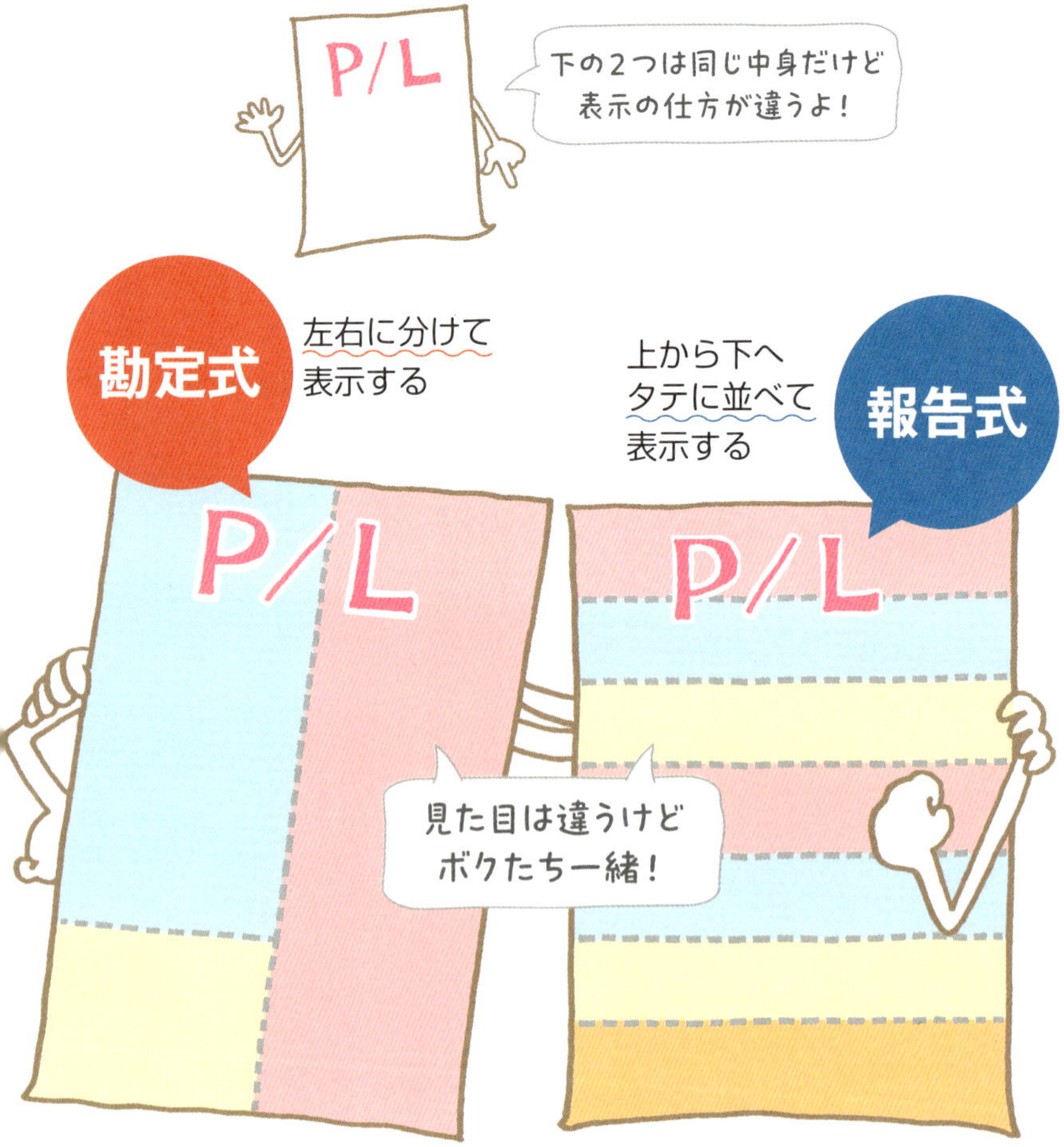

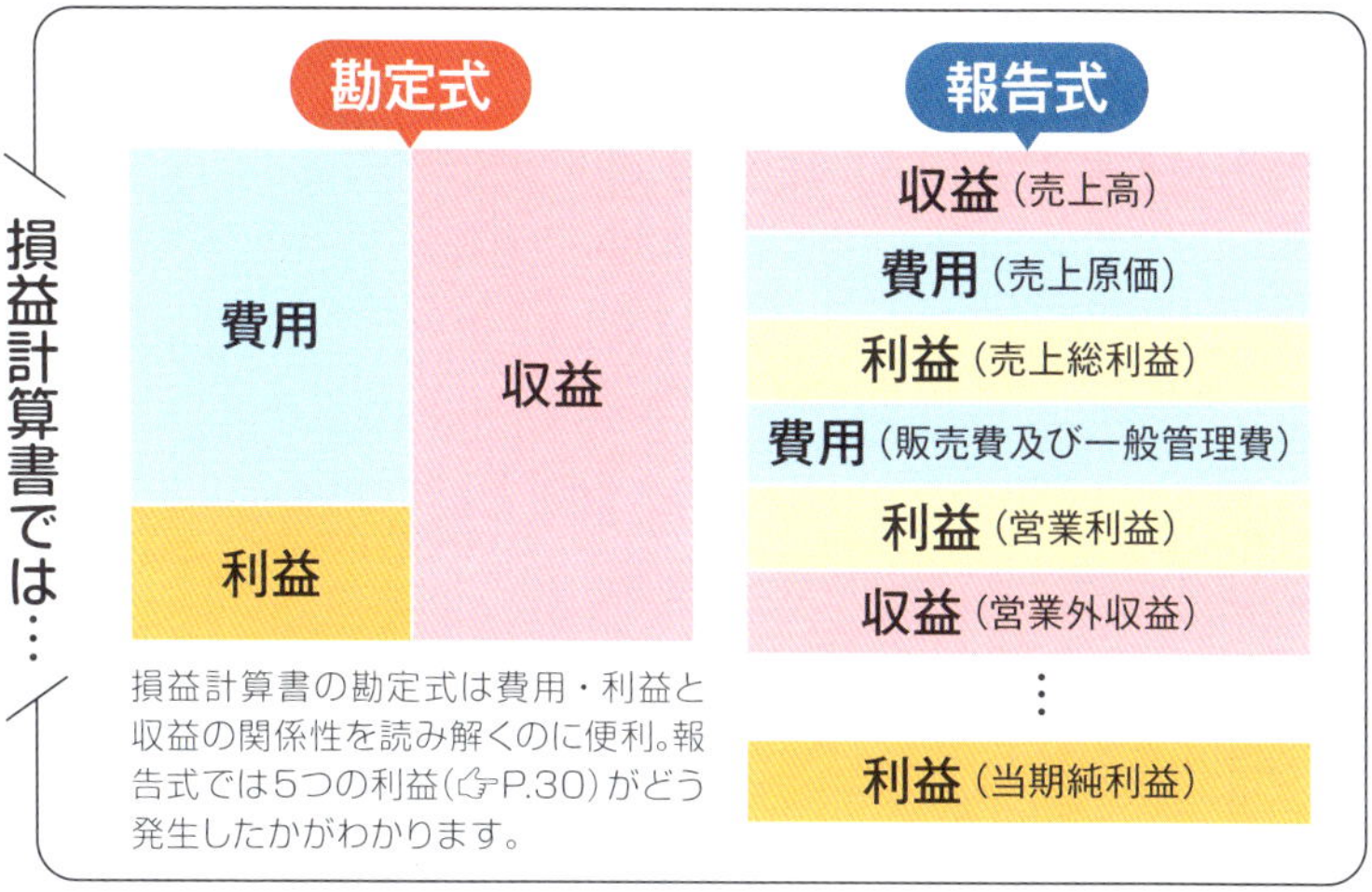

損益計算書の勘定式は費用・利益と収益の関係性を読み解くのに便利。報告式では5つの利益(☞P.30)がどう発生したかがわかります。

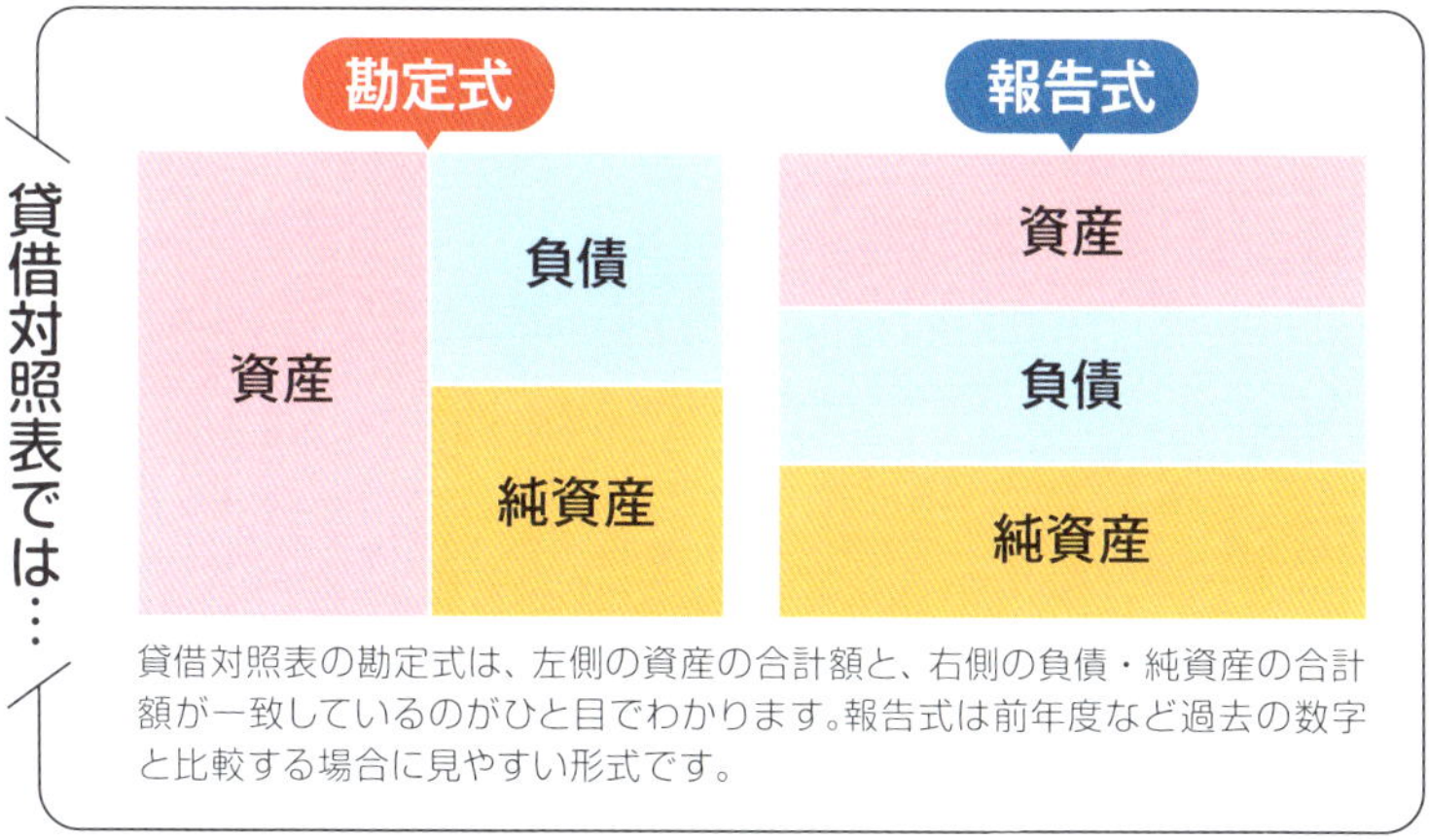

貸借対照表の勘定式は、左側の資産の合計額と、右側の負債・純資産の合計額が一致しているのがひと目でわかります。報告式は前年度など過去の数字と比較する場合に見やすい形式です。

損益計算書には、**報告式**と**勘定《かんじょう》式**という2つの異なる表示の形式があります。報告式は科目※1と数字を**上から下へ**、タテに並べます。一方、勘定式は**左右に分けて**、左側※2に費用と利益、右側に収益を並べます。

また貸借対照表にも同じ2つの形式があります。形式にはそれぞれ特徴があり、目的に応じて使い分けされます。例えば前年度の数字と比較する場合は報告式が見やすくなっています。

※1　勘定科目。取引の内容をわかりやすく記録するための分類。
※2　会計では左側を借方（かりかた）、右側を貸方（かしかた）と呼ぶ。

Financial Statement

03

収益と費用をもっと詳しく見てみよう

収益、費用の科目

収益

売上高

受取利息

為替差益

固定資産売却益
有価証券売却益

ほかに受取家賃、受取配当金、貸倒引当金戻入益など

Point 1

収益には本業での稼ぎと本業以外での稼ぎがある

商品の販売やサービスの提供など本業であげた売上のほか、受け取った利息や株式の売却益なども収益です。

Point 2

費用は収益を得るためにかかったコスト

商品の仕入代金や人件費、賃借料などの諸経費、株式や不動産の売却損、税金などが費用です。

Point 1

収益には本業での稼ぎと本業以外での稼ぎがある

本業で稼いだ収益が売上高

P.23で見たとおり、収益には大きく分けて、**売上高**、**営業外収益**、**特別利益**の3つがあります。これらはさらに細かく分類されて、営業外収益なら受取利息、受取配当金、為替差益など、特別利益なら保有する投資有価証券や固定資産の売却益などの**勘定科目**（たんに科目ともいう）で損益計算書にあらわされます。

売上高 ▶ **製品や商品、サービスを販売して得た対価**。鉄道業は「営業収益」、銀行業は「経常収益」、建設業は「完成工事高」がこれにあたる。

営業外収益 ▶ 会社の**本業以外での稼ぎ**のうち、**経常的に発生する**収益。受取利息、有価証券利息、受取配当金、仕入割引、為替差益、雑収入など。

特別利益 ▶ 会社の**本業以外での稼ぎ**のうち、（経常的でなく）**臨時的・偶発的に得られた**収益。投資有価証券売却益、固定資産売却益など。

勘定科目とは

取引の内容を帳簿に記録（簿記）するときに使う、分類された項目です。ただ名称は統一されておらず、商慣習などをもとに各社で違う場合があります

収益には種類がいくつかありますが、その大部分を占めるのが**会社が本業で稼いだ収益、すなわち売上高**です。

ただ、収益は**本業以外でも発生**します。例えば会社の資金を銀行に預金すると、受取利息が得られます。また会社が他社の株式を持っていれば、配当金を得ることもあります。こうした会社の本業以外で得た収益を、**営業外収益**といいます。

さらに会社所有の土地や株式を売却して、臨時的・偶発的に利益を得ることもあります。これらも本業以外で発生した利益ですが、営業外収益とは区別して、**特別利益**といいます。

Point 2

費用は収益を得るために かかったコスト

費用の中心は売上原価と販管費

売上原価

製品や商品、サービスを作ったり、仕入れたりするのに直接かかった費用のうち、販売した分（売上高）の原価。製造業では製造原価、販売業では仕入原価を計算する。

期首棚卸高	売上原価
当期仕入高（製造原価）	期末棚卸高

➡売上原価は、期首にあった在庫（期首棚卸高）に、期中に仕入れた（製造した）分（当期仕入高・製造原価）を足し、期末に残った在庫（期末棚卸高）を差し引いて計算する。

販売費及び一般管理費（販管費）

売上原価以外に、会社が本業で売上をあげるためにかかった費用。広告宣伝費や販売・管理部門の給与・賞与、旅費交通費、接待交際費、通信費、賃貸料など。

営業外費用

会社の本業以外でかかった費用のうち、経常的に発生する費用。支払利息、社債利息、為替差損など。

特別損失

会社の本業以外で発生した費用のうち、臨時的・偶発的に発生した損失。固定資産売却損、災害損失など。

法人税等

会社があげた利益に対してかかる税金。法人税、法人事業税、法人住民税など。

費用の中心は**売上原価**と**販売費及び一般管理費（販管費）**です。どの商品やサービスにいくらかかったかがわかるのが売上原価で、わからないものが販管費と考えればいいでしょう。売上原価は、上図のように計算されます。製造業の製造原価は材料費、工場などの人件費（労務費）、諸経費です。販売業では商品の購入代価、運賃などの費用が仕入原価になります。それ以外で本業にかかった費用は販管費です。

本業以外の費用は**営業外費用**、臨時的・偶発的なものは**特別損失**です。**法人税**などの税金も一種の費用と考えられます。

Financial Statement 04

損益計算書の5つの利益に着目する

5段階の利益をチェック

Point 1

アラリはいくらか？本業であげた利益は？

損益計算書には中身の異なる5つの利益が書かれています。このうち売上総利益を〝アラリ〟といいます。また会社の本業であげた利益が営業利益です。

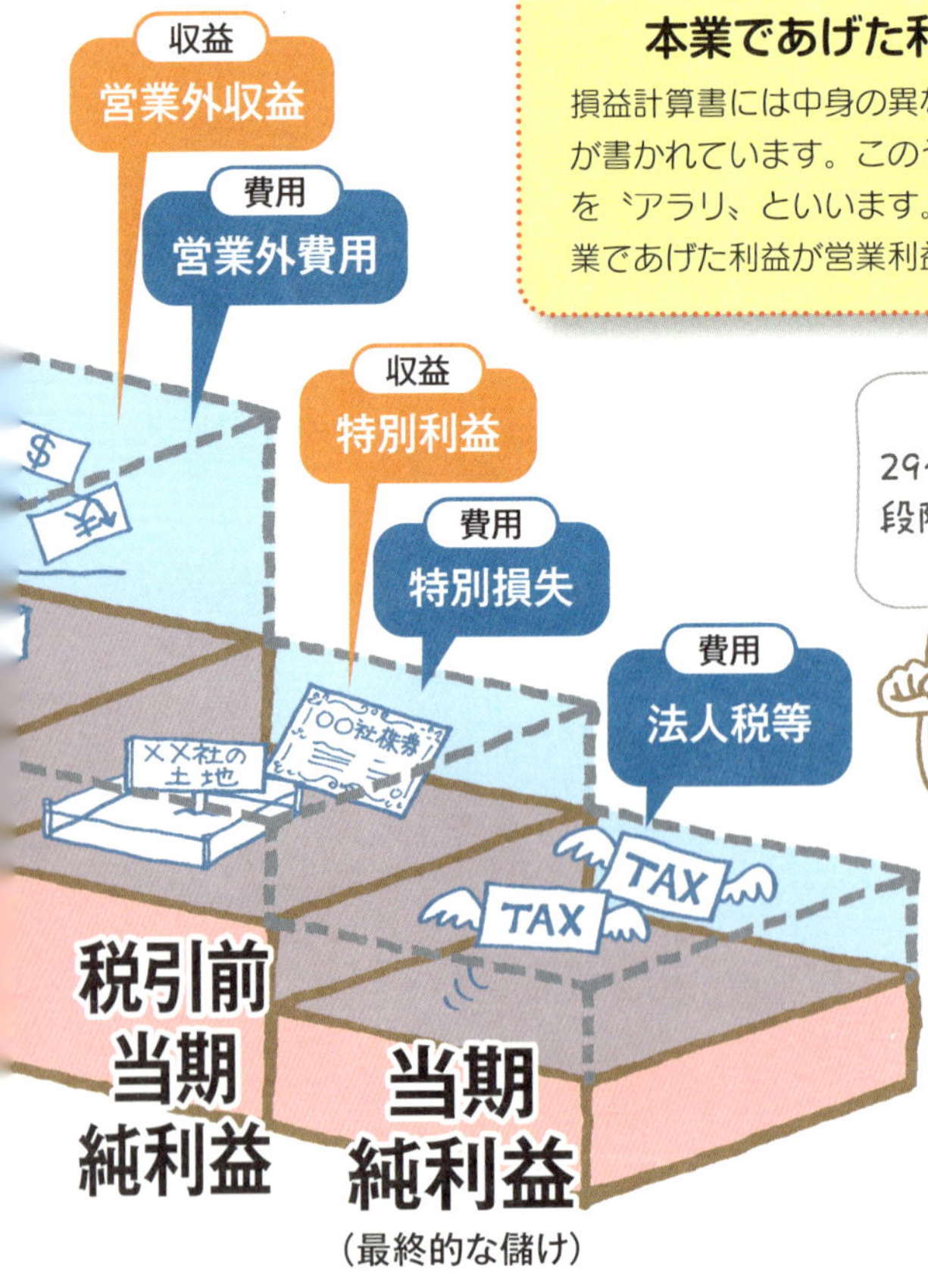

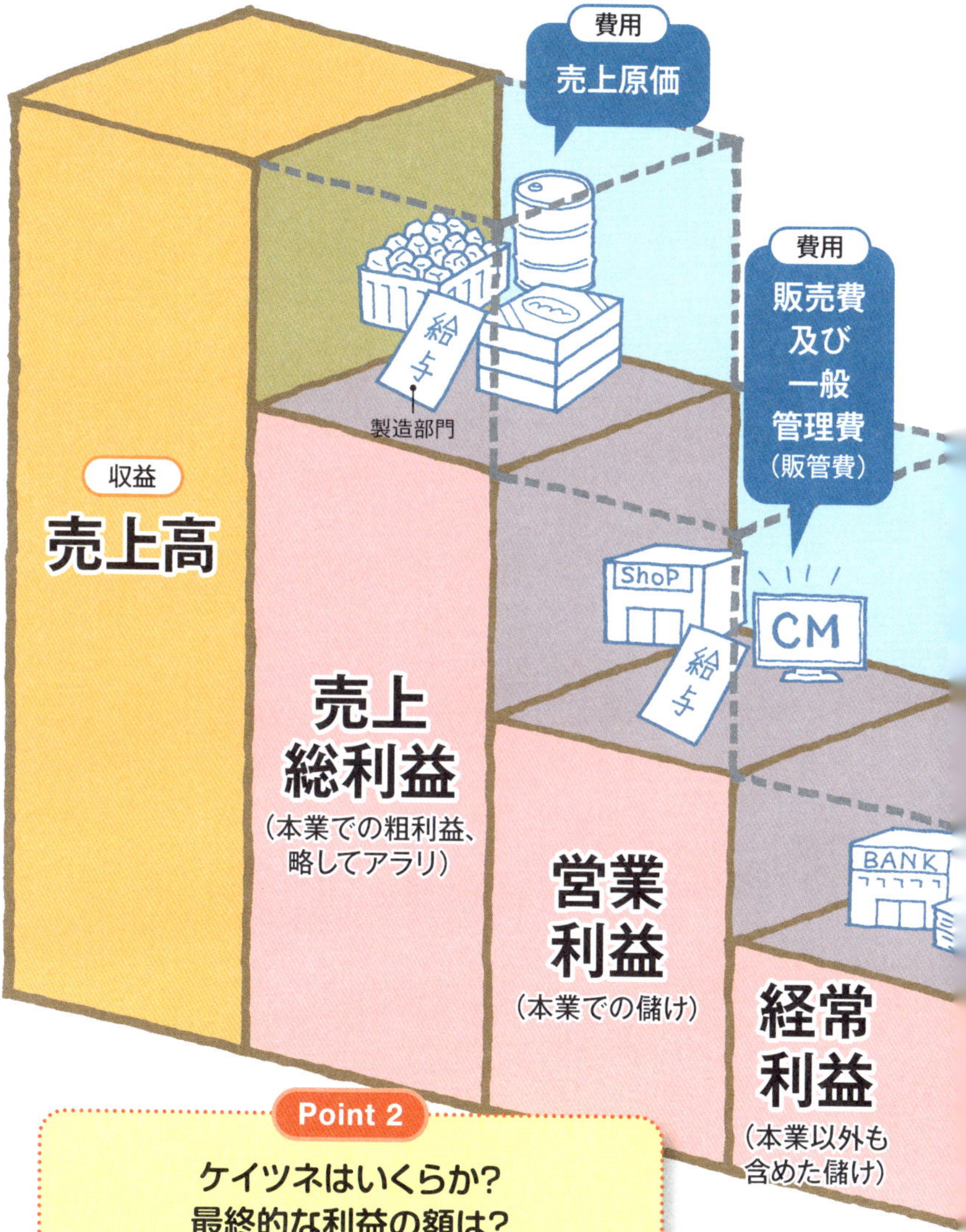

Point 2

ケイツネはいくらか？
最終的な利益の額は？

会社の本業以外で発生する利益や損失もあります。会社の実力がわかる利益が〝ケイツネ〟＝経常利益。最終的に会社に残る儲けが当期純利益です。

Point 1

アラリはいくらか？本業であげた利益は？

売上総利益、営業利益をチェックする

５つの段階利益を見ていきます。まず第１段階の利益は会社が商品やサービスを提供して得た売上高（収益）から、それにかかった直接的な費用である売上原価（費用）を差し引いた残りの額、**売上総利益**です。アラリ（粗利益）ともいいます。

ここからさらに、販売活動や様々な管理にかかった費用である販売費及び一般管理費（販管費）を差し引いたものが、第２段階の利益である**営業利益**です。これが会社が本来行っている事業、会社の本業であげた儲けになります。

●損益計算書（報告式）

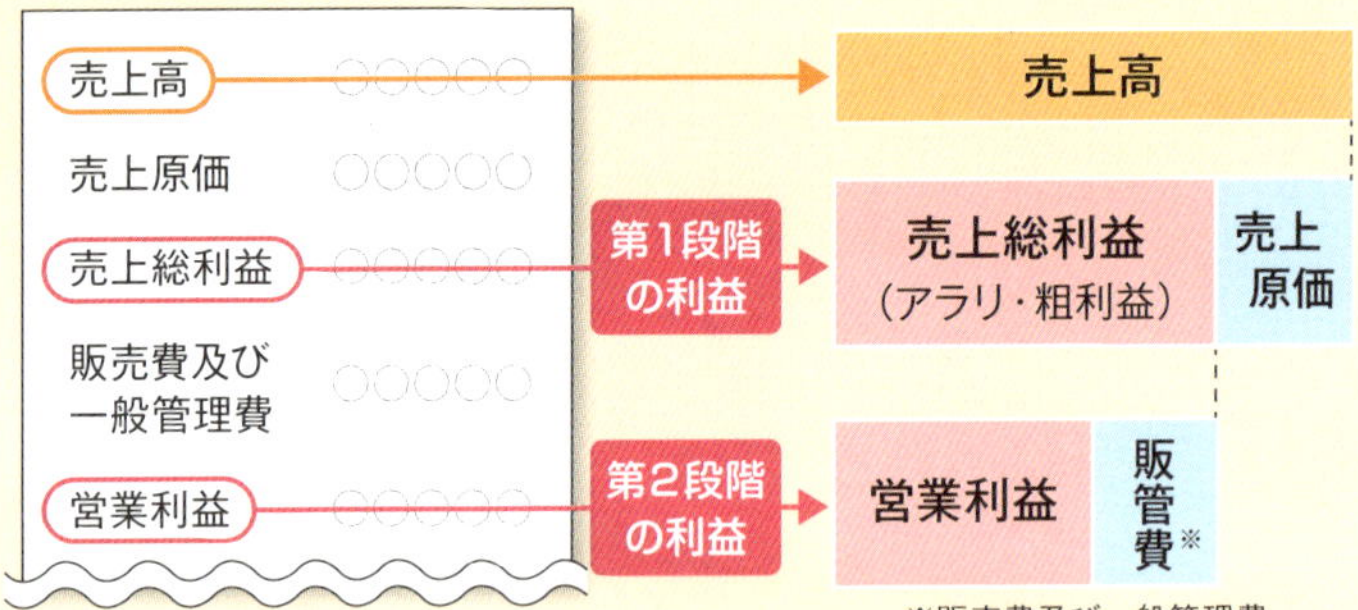

※販売費及び一般管理費。

報告式（☞24ページ）の損益計算書を図であらわすと前ページのようになります。売上高に始まり売上原価など様々な費用を差し引いていくと、５つの段階で中身の異なる利益（段階利益）があらわされます。まずチェックしたいのが**会社がザックリいくら儲けたか**、いわゆるアラリ（粗利益《あらりえき》）です。**売上総利益**ともいい、売上から原価を差し引いた残りです。次に**会社の本業だけでいくら儲けたか**を見ます。事業にかかる費用の多くは売上原価と販管費なので、売上高からそれらを差し引いた残りの**営業利益**が本業であげた儲けです。

Point 2

ケイツネはいくらか？最終的な利益の額は？

経常利益、当期純利益をチェックする

第３段階の利益は、営業利益に営業外収益を足し、営業外費用を差し引いたものです。会社の本業とそれ以外から“経常的に”あげられた利益で、経常利益といいます。

この経常利益に特別利益を足し、特別損失を差し引いたものが、第４段階の利益で、税引前当期純利益です。経常的に発生した損益に、臨時的・偶発的に発生した利益と損失を加減したものです。

ここから法人税などの税金を差し引き、最終的に会社に残る利益が第５段階の当期純利益です。

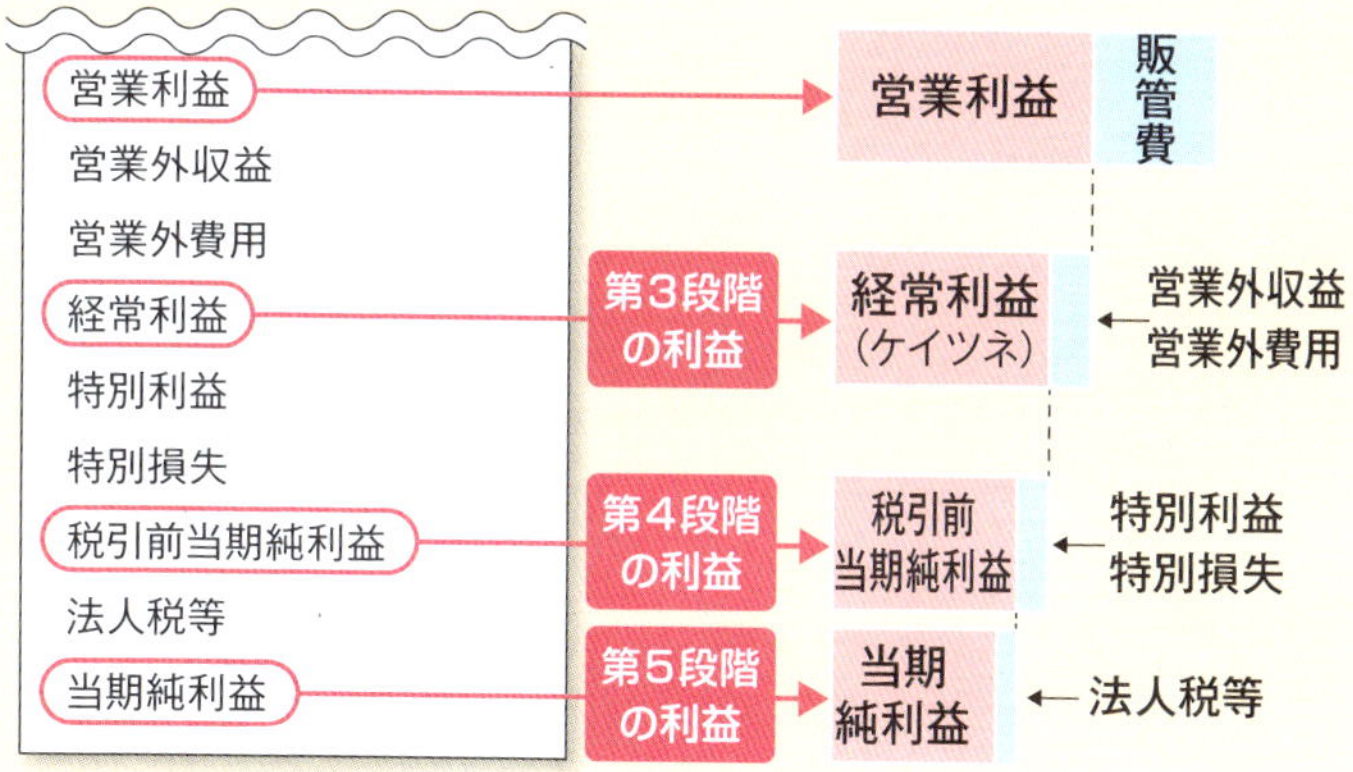

会社は銀行に預金すれば利息を受け取り、お金を借りれば逆に利息を払います。こうした**会社の本業以外で通常、継続的に発生する損益を、営業利益に加減したものが経常利益**、いわゆる〝ケイツネ〟です。毎期、経常的に得られる利益なので、とくに注目すべき利益です。

ケイツネから、会社が保有する土地や株式を売買するなどして**臨時的・偶発的に発生した利益や損失を加減**したものが**税引前当期純利益**（連結損益計算書では税金等調整前当期純利益）。さらに法人税などの税金を支払った後に**最終的に会社に残った儲け**が**当期純利益**です。

任天堂の損益計算書を見てみよう

任天堂㈱：世界的なゲームメーカー。80年代初頭に「ファミコン」をリリースした家庭用ゲーム機のパイオニア。「ニンテンドーDS」「Nintendo Switch」なども。

アラリは 約9,500億円

1年間で稼いだ売上高は約1兆6,700億円。ここから約7,200億円弱の売上原価を差し引いて、ザックリと出した儲けの額が、**売上総利益**の約9,500億円。これが同社の**アラリ**。

本業での儲けは 5,000億円以上

売上原価とともに本業でかかる大きなコストが販売費及び一般管理費（販管費）。同社の当期の販管費は4,200億円強で、これを上のアラリから差し引いた残りの約5,300億円が、同社が本業であげた利益、すなわち**営業利益**の額。

ケイツネは 7,000億円近く

本業以外での損益を見ると、まずプラスとなる営業外収益の合計が約1,500億円あるのに対して、マイナスとなる営業外費用の合計は約5億円と少ない。この2つの営業外損益を上の営業利益に加減して算出した約6,800億円が同社の**経常利益（ケイツネ）**の額。前の段階の営業利益は約5,300億円だったのが、本業以外で儲けた1,500億円近い収益が上乗せされた。

第4段階の利益は ケイツネと ほぼ変わらず

本業以外で通常、継続的に発生する営業外損益に対して、臨時的・偶発的に発生するのが特別利益と特別損失。前者が約6億円、後者が約3億8,000万円と金額は小さく、これらを上のケイツネに加減して算出した**税引前当期純利益**は約6,800億円。ケイツネの額とほぼ変わらない。

最終的な利益は 5,000億円近く

上の税引前当期純利益から、法人税などの税金を差し引いた残りが、当期に儲けた最終的な利益となる。**当期純利益**は約4,900億円。

P/L
アラリは9,500億円もあったのに、
最終的に会社に残った利益はその半分程度！
ひとクチに利益といっても、
それぞれ特徴をもった
様々な種類があります！

任天堂・2024年3月期・連結損益計算書

（単位：百万円）

売上高	1,671,865
売上原価	717,530
売上総利益	954,335
販売費及び一般管理費	425,393
営業利益	528,941
営業外収益	
受取利息	51,412
持分法による投資利益	30,099
為替差益	61,589
その他	8,950
営業外収益合計	152,051
営業外費用	
支払利息	166
有価証券売却損	154
投資有価証券売却損	131
その他	43
営業外費用合計	496
経常利益	680,497
特別利益	
固定資産売却益	6
投資有価証券売却益	600
特別利益合計	606
特別損失	
固定資産処分損	381
特別損失合計	381
税金等調整前当期純利益	680,722
法人税、住民税及び事業税	192,566
法人税等調整額	△2,485
法人税等合計	190,080
当期純利益	490,642
非支配株主に帰属する当期純利益	40
親会社株主に帰属する当期純利益	490,602

Financial Statement 05

損益計算書のココをチェックしよう

利益、収益、費用を見る

Point 1

5つの利益が損失になっていないか

5つの利益がそれぞれプラスになっているか、損失（マイナス）になっていないかをチェック。

Point 2

本業の収益性が高いか

売上高から売上原価や販売費及び一般管理費などを差し引いても利益が出ているか。売上高利益率※なども計算してチェック。

※売上総利益率（☞P.72）、営業利益率（☞P.78）、経常利益率（☞P.84）などの総称。

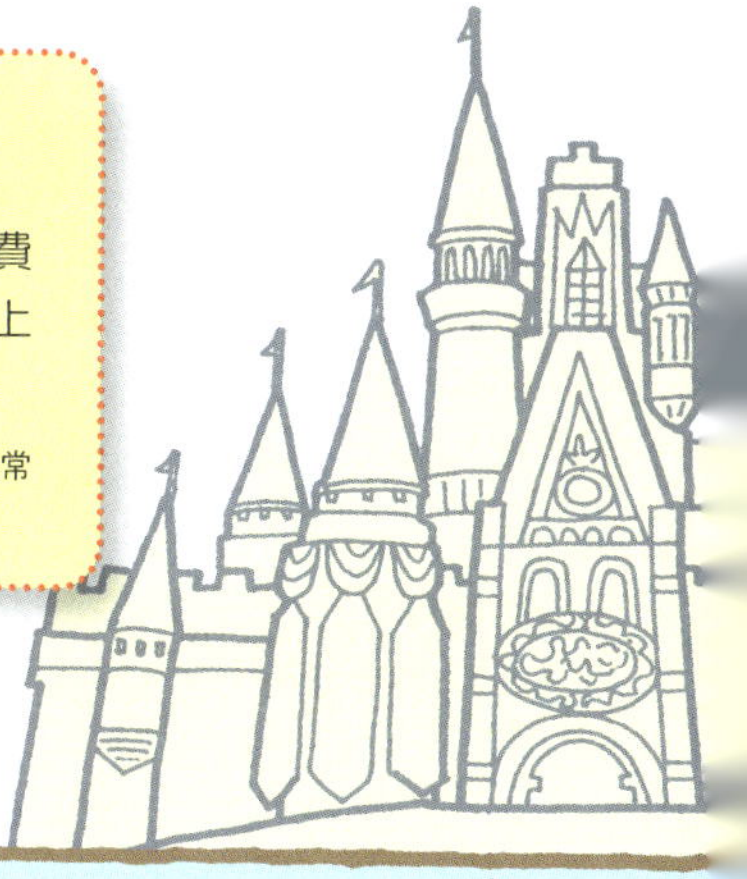

Point 3

費用が適切でムダはないか

前期と比較して売上高は変わらないのに販売費及び一般管理費が増えているなど、ムダなコストが発生していないかチェック。

オリエンタルランドの損益計算書を見てみよう

㈱オリエンタルランド：東京ディズニーランドなどのテーマパーク事業のほか、ホテル、ショッピング施設を含む東京ディズニーリゾート（TDR）の経営・運営を行う。

2024年3月期・連結損益計算書

（単位：百万円）

売上高	618,493
売上原価	368,976
売上総利益	249,517
販売費及び一般管理費	84,079
営業利益	165,437
営業外収益	
受取利息	140
受取配当金	573
受取保険金・保険配当金	336
持分法による投資利益	183
その他	901
営業外収益合計	2,135
営業外費用	
支払利息	350
持分法による投資損失	—
支払手数料	512
その他	704
営業外費用合計	1,568
経常利益	166,005
特別利益	
投資有価証券売却益	—
特別利益合計	—
税金等調整前当期純利益	166,005
法人税、住民税及び事業税	45,600
法人税等調整額	178
法人税等合計	45,779
当期純利益	120,225
親会社株主に帰属する当期純利益	120,225

POINT 1
５つの利益はすべて黒字

POINT 2
本業の収益性はきわめて高い

POINT 3
ムダな費用は発生していない

テーマパークの
入場者数は
年間2,700万人！
P/L

Point 1

5つの利益が損失になっていないか

段階利益ごとに黒字と赤字が異なることも

5つの利益のどれが黒字で、どれが赤字かで損益計算書の見方が変わります。すべて黒字が理想的ですが、下図のように様々な原因により段階利益ごとに黒字だったり赤字だったりします。また赤字が必ずしも悪いとは限らないケースもあります。

ケース		原因
ケース1	営業利益は黒字だが 経常利益は赤字	借入金の利息払いなど、本業に関わる様々な損失が発生している　など
ケース2	営業利益は赤字だが 経常利益は黒字	本業以外の投資などからあがる利息や配当金があることで経常利益が黒字化している　など
ケース3	経常利益は赤字だが 当期純利益は黒字	不動産や株式の売却などで一時的な（経常的でない）利益を発生させて当期純利益を黒字化している　など
ケース4	経常利益は黒字だが 当期純利益は赤字	本業は順調だが、会社の財務体質の改善のために不要な固定資産などを整理して売却損を出している　など

5つの利益で、とくに注目したいのが**営業利益**と**経常利益**です。営業利益からは会社が**本業で稼ぐ力**がわかります。また経常利益は借入れや投資の利息など会社の財務活動の結果を含めるため、会社が**通常の活動で稼ぐ本当の実力**がわかります。金融機関や取引先などが重視するのは経常利益です。

営業利益は黒字なのに経常利益は赤字というように**段階利益ごとに黒字と赤字が異なる**ケースもあります。この場合、本業は儲かっていても借入金の利息払いが多額であるため赤字ということもあります。上図のように利益を比較しましょう。

Point 2

本業の収益性が高いか、低いか

売上高利益率をチェックする

売上高利益率には、①売上総利益率（粗利益率、アラリ率☞P.72）、②営業利益率（☞P.78）、③経常利益率（☞P.84）の３つの指標があります。これらの数値を見るときは、業種・業界の平均値と比較したり、同程度の事業規模の同業他社と比べてみます。また自社の前期、前々期の数字と比べて、何がどう変わったかもチェックします。

❶ 売上総利益率（%） ＝ 売上総利益 ÷ 売上高 × 100

［オリエンタルランドの計算例］
249,517百万円÷618,493百万円×100＝**40.3%**

❷ 営業利益率（%） ＝ 営業利益 ÷ 売上高 × 100

［オリエンタルランドの計算例］
165,437百万円÷618,493百万円×100＝**26.7%**

❸ 経常利益率（%） ＝ 経常利益 ÷ 売上高 × 100

［オリエンタルランドの計算例］
166,005百万円÷618,493百万円×100＝**26.8%**

損益計算書から会社の収益性が高いか低いかが読み取れます。より少ない費用・元手で、より多くの売上（収益）をあげられるほど、収益性が高いことになります。

収益性をはかるモノサシには**売上高利益率と総称される3つの指標があります**。売上高に対する売上総利益、営業利益、経常利益のそれぞれの割合をはかった数値です。計算式は上図のとおりで、数値が高いほど収益性が高いといえます。ただ、平均的な数値は業種によって異なるため、どの程度が目安かは一概にはいえません。

Point 3

費用が適切でムダはないか

売上原価と販管費をチェックする

下表はP.38のオリエンタルランドの損益計算書に前期の数字を加えて比較し、各科目の対前期比を算出したものです。2024年3月期はコロナ禍の影響から回復し、売上高の対前期比が約1.28倍になったのに対して、売上原価の対前期比はそれ以下の約1.24倍、販売費及び一般管理費の対前期比も約1.12倍と低く抑えられています。このことから当期の費用は適切な程度の支出であったと読めます。

●オリエンタルランドの売上原価、販管費の対前期比　（単位：百万円）

	2023年3月期	2024年3月期	対前期比
売上高	483,123	618,493	**128.0%**
売上原価	249,517	368,976	**124.3%**
売上総利益	186,227	249,517	**140.0%**
販売費及び一般管理費	75,027	84,079	**112.1%**
営業利益	111,199	165,437	**148.8%**

●売上高利益率の変化

売上総利益率	38.5%	40.3%	**1.8ポイント↑**
営業利益率	23.0%	26.7%	**3.7ポイント↑**
経常利益率	23.1%	26.8%	**3.7ポイント↑**

利益は「売上－費用」ですから、利益を増やすには売上自体を伸ばすほかに、費用を低く抑える方法があります。

大きな費用は**売上原価**と**販売費及び一般管理費**（販管費）です。損益計算書ではとくに**この2つの費用が適正な数字かどうか**、注目します。

例えば、前期と比べて売上高は変わらないか、または下がっているのに、売上原価や販管費が増えていることがあります。この場合はムダなコストが発生していることが考えられます。その会社にはコスト削減の余地があるかもしれません。

Financial Statement 06

連結決算ってどんなもの？

グループ会社の決算

グループ会社（企業）は、**親会社を中心に子会社、関連会社が集まり**1つのグループを形成します。例えばソフトバンクグループは、親会社であるソフトバンクグループ㈱を**持株《もちかぶ》会社**※1として、通信・インターネット事業のソフトバンク㈱をはじめ、IT大手のLINEヤフー㈱、事務用品通販のアスクル㈱、電子決済事業のPayPay㈱、プロ野球の福岡ソフトバンクホークス㈱など2000社近くの様々な子会社、関連会社で構

※1　傘下会社の株式を保有して事業を支配する会社。

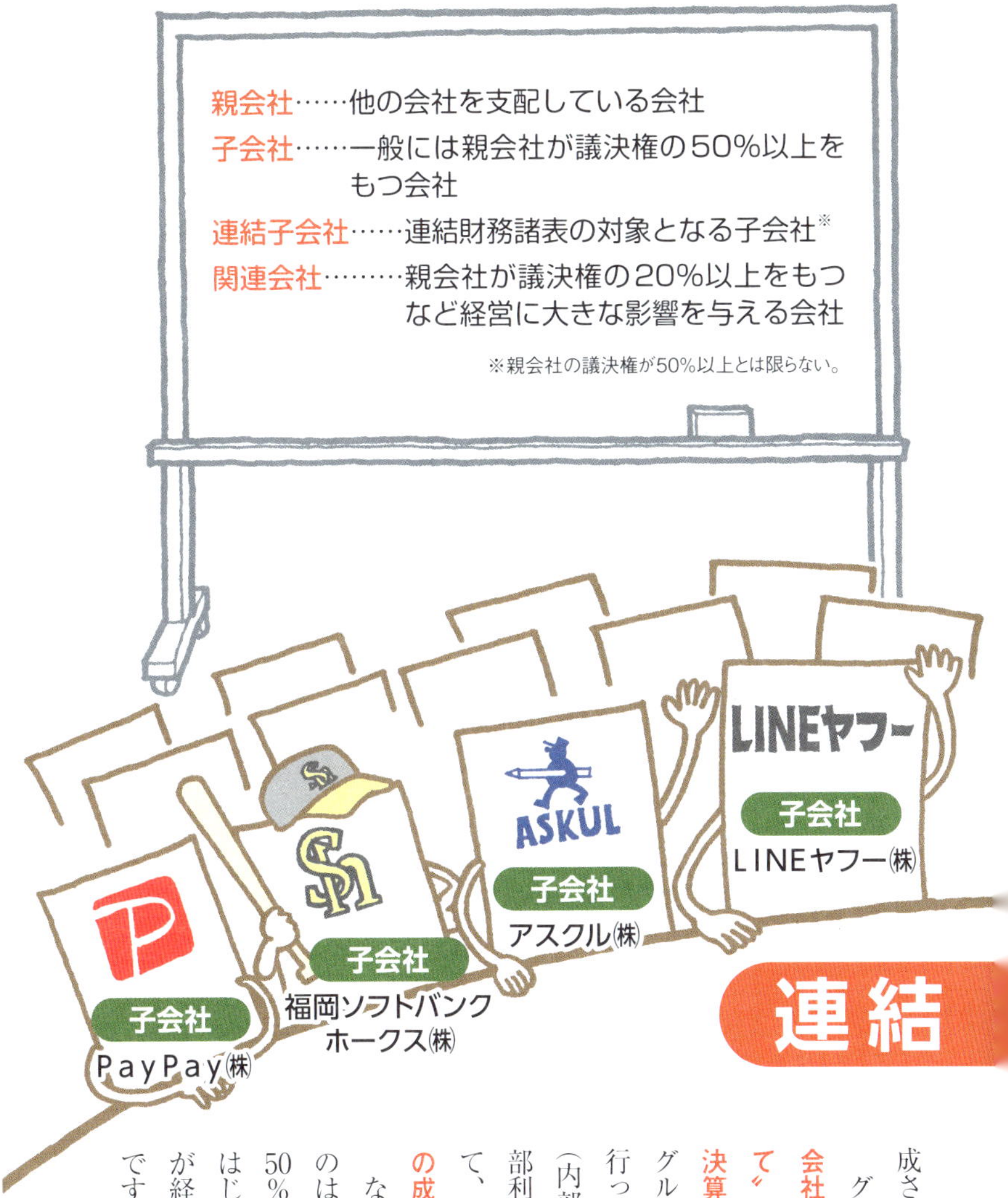
親会社……他の会社を支配している会社
子会社……一般には親会社が議決権の50%以上をもつ会社
連結子会社……連結財務諸表の対象となる子会社※
関連会社………親会社が議決権の20%以上をもつなど経営に大きな影響を与える会社
※親会社の議決権が50%以上とは限らない。
LINEヤフー
子会社
LINEヤフー㈱
ASKUL
子会社
アスクル㈱
子会社
福岡ソフトバンクホークス㈱
子会社
PayPay㈱
連結

成されています。

グループ会社を**1つの会社とみなして〝合算して〟決算**を行うのが**連結決算**です。連結決算ではグループ内の会社同士で行った取引に関わる売上（内部売上）や利益（内部利益）を相殺・消去して、**グループ全体としての成績**を明らかにします。

なお連結の対象となるのは、親会社が議決権[※2]の50%以上をもつ子会社をはじめ、実質的に親会社が経営を左右できる会社です。

※2　株主総会で行使できる権利。

Financial Statement 07

IFRS（国際財務報告基準※）とはナニか？

※通称「国際会計基準」。

会計基準のグローバルスタンダード

KDDI
KDDI㈱

Point 1

グローバルに活躍する企業はIFRSの適用が増えている

ＩＦＲＳ※は世界130ヵ国以上が採用する会計基準のグローバルスタンダード。日本では強制されていませんが、任意適用する企業が増えています。

※読みはイファース、アイファース。

Point 2

利益のとらえ方など決算書の中身が異なる

ＩＦＲＳは日本の会計基準とは異なります。例えば損益計算書では利益のとらえ方が違います。

アメリカの企業会計では米国会計基準を採用します
米国会計基準
KYOCERA
京セラ㈱
これらの企業はすべてＩＦＲＳを採用。ほかにもＩＦＲＳを任意適用する国内上場会社は270社以上！
TOYOTA
トヨタ自動車㈱
JAL
日本航空㈱
International Financial Reporting Standards
※IFRSは直訳すると「国際財務報告基準」。

Point 1

グローバルに活躍する企業はIFRSの適用が増えている

京セラ㈱のIFRS適用の損益計算書を見てみよう

売上高	2,004,221
売上原価	1,451,110
売上総利益	553,111
販売費及び一般管理費	460,188
①**営業利益**	92,923
②金融収益	60,839
金融費用	18,836
持分法による投資損益	△526
その他-純額	1,743
③**税引前利益**	136,143
法人所得税費用	31,316
当期利益	104,827

（2024年3月期、単位：百万円）

IFRSのメリット

- 海外投資家がIFRS適用会社の経営状況を把握しやすくなるため、**海外からの資金調達**がしやすくなる
- IFRSを採用している海外の子会社と共通の会計基準になるため**子会社の管理**がしやすくなる

IFRSのデメリット

- 日本の会計基準からの移行には会計処理の変更などが必要なため**膨大なコストと手間**がかかる

グローバルに活躍する会社は日本の会計基準ではなく**IFRS**※**（国際財務報告基準）に基づく決算書の作成**が増えています。

IFRS適用の決算書を作成すると、海外からの**資金調達や海外子会社の管理**がしやすくなる一方で、作成に**コストと手間**がかかります。

またIFRSには「経常的、臨時的な損益」という考え方がないため、損益計算書では営業利益から金融収益・費用などを加減したあとは税引前利益となります（上図①〜③参照）。

※読みはイファース、アイファース。

Point 2

利益のとらえ方など決算書の中身が異なる

IFRSと日本基準を比べてみると…

例えば基本的な考え方では、日本基準が細則主義であるのに対してＩＦＲＳは原則主義がとられ、あまり細かい定めをしません。ただその分、決算書の注記が増えて膨大な量になります。またＩＦＲＳでの利益計算は期首と期末の純資産の増減が損益と考える資産負債アプローチです。

	ＩＦＲＳ	日本基準
考え方	**原則主義** 基本的な会計原則だけを示して数値基準や判断基準は設けない	**細則主義** 数値基準や判断基準を細かく定めてそれに従って会計処理する
利益の計算	**資産負債アプローチ** 収益・費用を資産・負債の増減としてとらえる。貸借対照表を重視	**収益費用アプローチ** 収益･費用を定義して「収益－費用＝利益」を計算する。損益計算書を重視
重視する利益	**包括利益** 当期純利益＋その他の包括利益で計算。その他の包括利益には株式や土地の含み益などを含む	**当期純利益** 当期の確定した利益。長期で保有する株式や土地の含み益など未確定の利益は含まない

アメリカで上場する企業は米国会計基準の決算書の作成が必要だよ
米国会計基準

FRSと日本基準の主な違いは上図のとおりです。原則主義や資産負債アプローチといった重要な違いのほかに、利益のとらえ方も大きく異なります。IFRSは資産・負債の時価評価を重視するので、それらの含み益などを含む「包括利益」の表示が求められます。そのため決算書にも包括利益計算書が必要です。なお日本の有価証券報告書でも連結財務諸表には包括利益の表示が義務づけられています。

IFRS、日本基準の他には米国会計基準もあります。日本の企業が実際に適用できる会計基準は主にこの3つです。

包括利益と当期純利益は何が違う？

前のページで取り上げたように、IFRS（国際財務報告基準）では「包括利益」の表示が求められます。また上場会社の損益計算書にも、当期純利益のあとに包括利益が出てきます。これは具体的にどんなものでしょうか。

包括利益は「純資産の変動額」と定義されています。簡単にいうと、保有する資産の含み益、または含み損（合わせて含み損益）です。含み、ですからまだ確定していない損益です。この含み損益を、当期純利益に加えたものが包括利益です。

会社が保有する資産には、為替レートや株価などの変動によって価値が増減するものがあります。株式や土地の含み損益や、海外の子会社が保有する資産を円に換算した際に生じる損益など、確定はしていないけれど損益が発生する可能性のある利益を、財務諸表では「その他の包括利益」と呼び、これを当期純利益に加えたものが包括利益となります。

当期純利益が、会社が1年間の事業活動により最終的に手元に残った利益（または損失）であるのに対して、包括利益は会社の純資産の1年間の増加分（または減少分）をあらわします。

この包括利益が財務諸表に表示されるようになったのは、2011年以降と比較的最近です。近年、日本の企業もIFRSを採用する企業が増えてきて、日本の会計基準も国際的な会計基準に対応する必要が出てきたため、包括利益の表示をするようになりました。

Chapter 2

貸借対照表のキホン

ザックリいって貸借対照表ってどんなもの？

1

貸借対照表は
会社の**財政の状況**
をあらわしたもの
です

2

会社のある時点※で
どんな財産がどれだけ
あったかが書かれます

※決算日の時点。

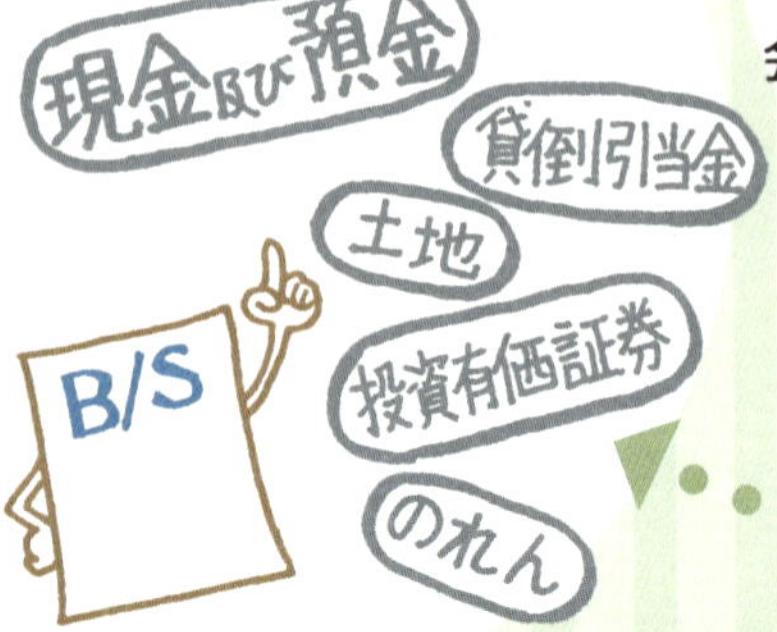

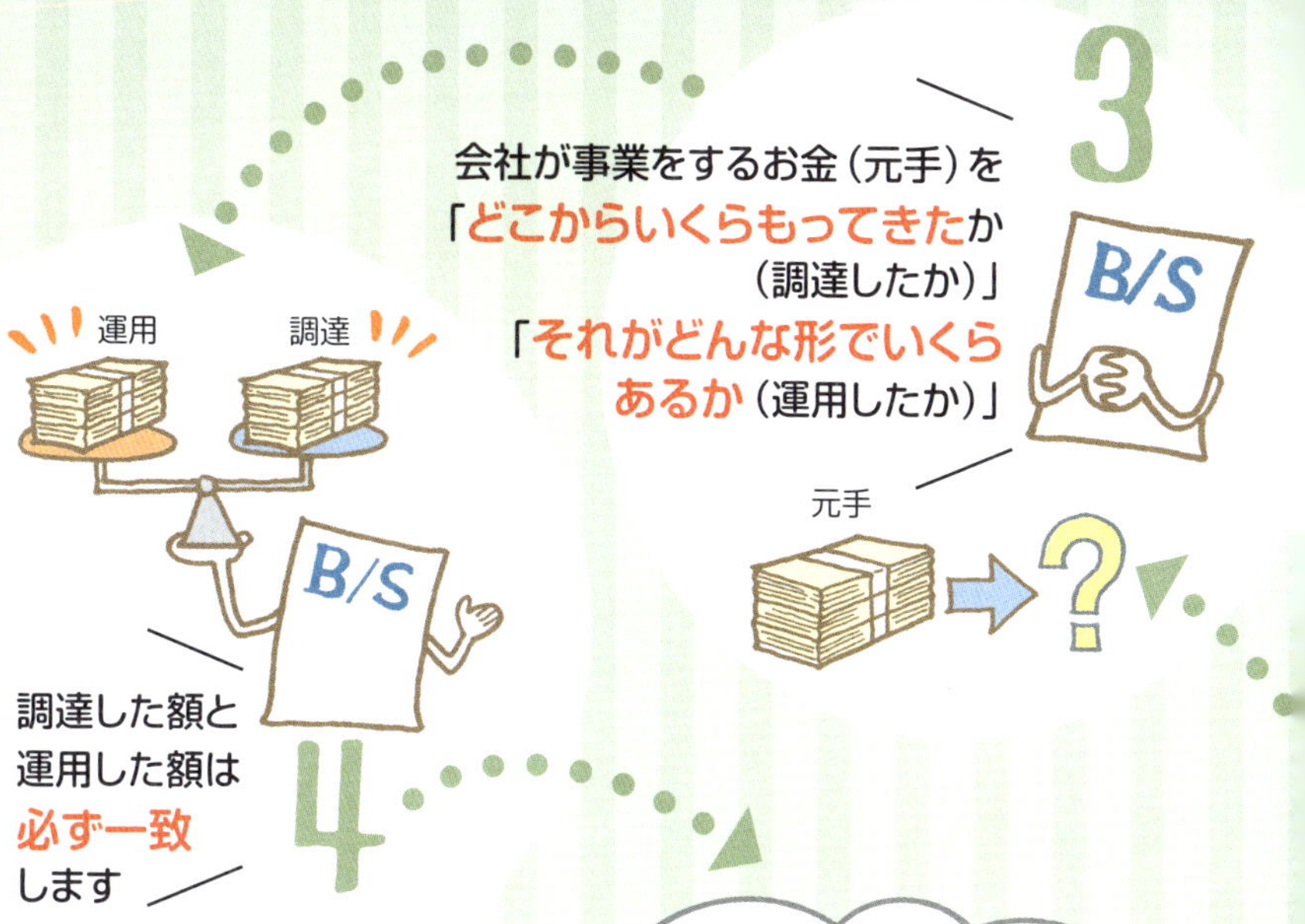
3
会社が事業をするお金（元手）を
「どこからいくらもってきたか
（調達したか）」
「それがどんな形でいくら
あるか（運用したか）」
B/S
運用
調達
元手
?
B/S
調達した額と
運用した額は
必ず一致
します
4

B/S
貸借対照表は
財政状況をあらわし
お金（元手）の運用と調達
がわかる決算書！

会社の財政状況をあらわす書類

貸借対照表は決算時点で会社にどんな財産が、どれだけあるかなど**財政状況をあらわす**書類です。会社が事業をするためのお金（元手）を、どこからいくらもってきて（**調達**）、どのようにいくら使っているか（**運用**）が金額で書かれています。

貸借対照表では、右側に調達したお金の総額を、左側に運用したお金の総額を記載して、**左右の額は必ず一致**します。バランスがとれているため「バランス・シート」といい「B／S（ビー・エス）※」と表記します。

※英語名「Balance Sheet」の略称。

Financial Statement
08

貸借対照表には ナニが書かれている？

貸借対照表の3つの要素

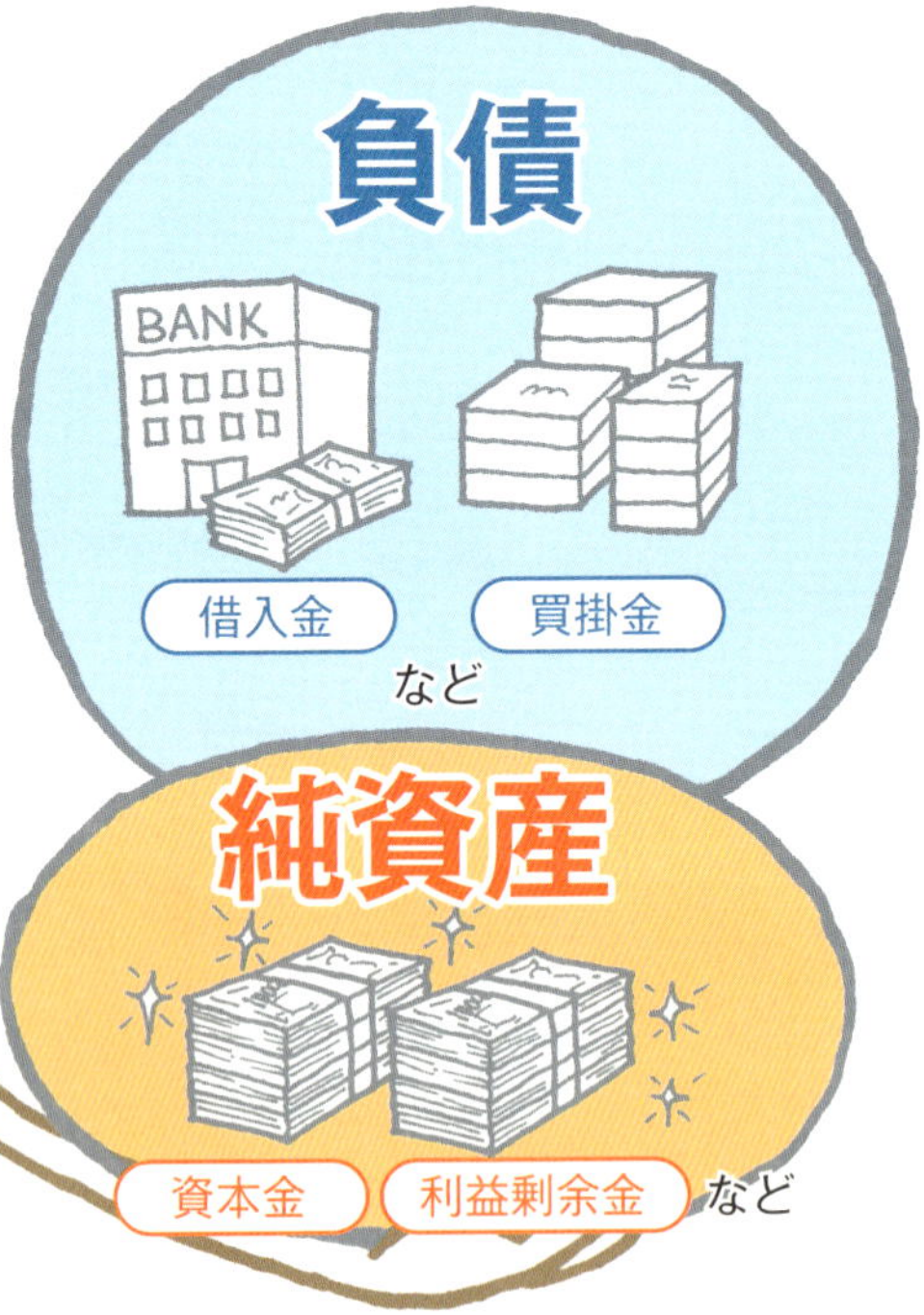

Point 1

会社の資産、負債、純資産が書かれている

貸借対照表には会社が①事業の元手であるお金を何に使っているか（資産）、②外部から借りているお金はいくらか（負債）、③自分で用意した元手はいくらか（純資産）が書かれています。

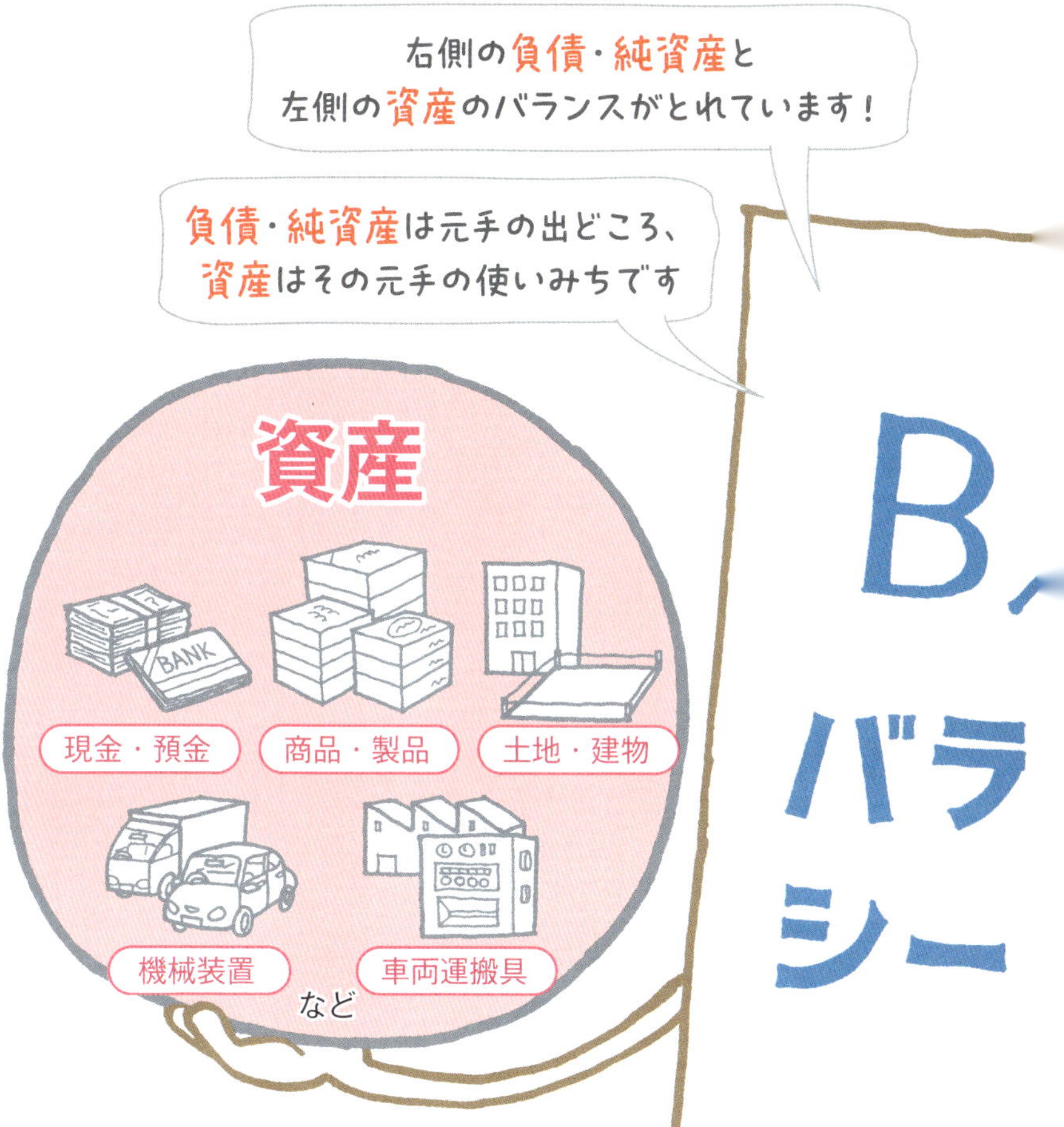
右側の負債・純資産と
左側の資産のバランスがとれています！
負債・純資産は元手の出どころ、
資産はその元手の使いみちです
資産
BANK
現金・預金
商品・製品
土地・建物
機械装置
車両運搬具
など
B
バラ
シー

Point 2

資産の合計額と 負債・純資産の合計額は一致する

会社が事業に使っているお金の合計額と、外部から借りたり、自分で用意したお金（元手）の合計額は必ず同じになります。

Point 1

会社の資産、負債、純資産が書かれている

資産、負債、純資産とは何か?

貸借対照表の３つの要素のうち、資産は事業を行うために集めた元手が姿を変えたものです。現金や預貯金のほか、売ったり、返済してもらえば基本的にお金の形に戻るものです。

一方、元手の１つである負債は将来返さなければならない借金。逆にもう１つの元手の純資産は返す必要のない元手。株主からの出資金や、事業であげた利益の一部などです。

＼ 財政状況① ／

元手を何に使っているか
→資産

＼ 財政状況② ／

いくら借りているか
→負債

BANK

＼ 財政状況③ ／

自分のお金はいくらか
→純資産

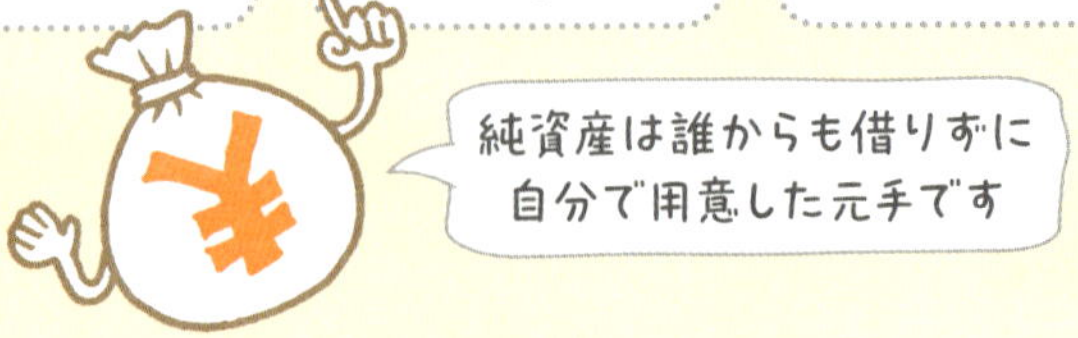
純資産は誰からも借りずに
自分で用意した元手です

もう1つの主要な決算書である貸借対照表には、会社の期末（決算日）時点の財政状況が金額であらわされています。財政状況とは、資産、負債、純資産の3つがどうなっているかです。

会社は事業を行うための元手を株主の出資や銀行などからの借入で集め、商品や原材料、事業に必要な設備、建物などを購入します。そこで、①集めた元手を何に使っているか（資産）、②外部から借りてきた元手はいくらか（負債）、③自分で準備した元手はいくらか（純資産）を金額であらわしたものが貸借対照表です。

Point 2

資産の合計額と負債・純資産の合計額は一致する

資産は元手が姿を変えたもの

将来、返済が必要なお金（借金）である負債と、返済の必要がない自前のお金である純資産が、会社の元手です。元手は**資本**ともいいます。負債と純資産は、資本をどこから調達したのか、資本の出どころ＝「**資本の調達源泉**」といういい方をします。一方、資産はこの資本（元手）が姿を変えて何に使われているか、資本の使い道＝「**資本の運用形態**」といういい方をします。

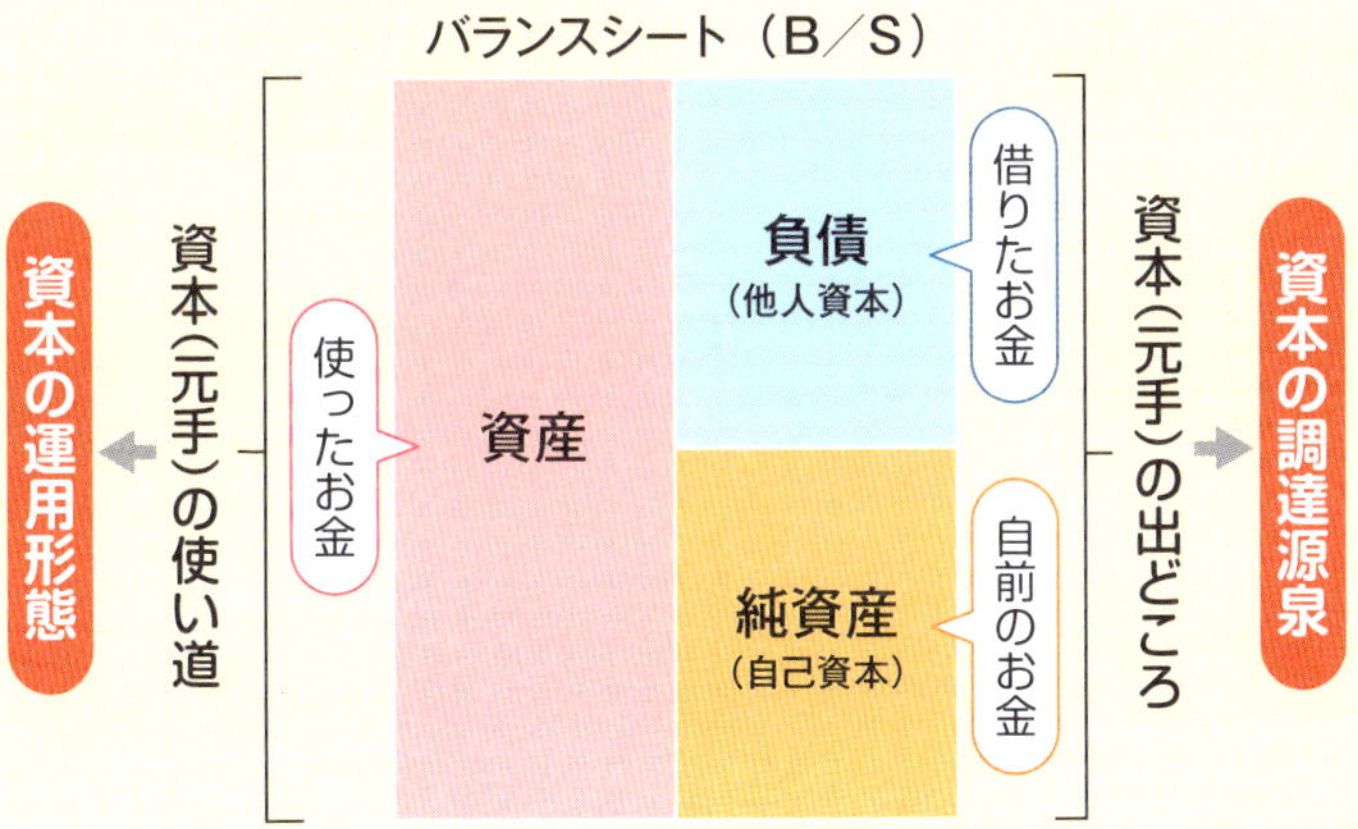

勘定式（☞P24）の貸借対照表では、**左側に資産**を、**右側に負債と純資産**を並べます。そして資産の合計額と、負債と純資産の合計額は**必ず同じ**になります。なぜなら**資産は元手である負債（他人資本という）と純資産（自己資本という）が姿を変えた**ものだからです。計算式であらわすと〈資産＝負債＋純資産※〉となります。

左側と右側は必ずバランスがとれていることから、貸借対照表は「バランスシート」とも呼ばれ、略してB／Sと表記します。よく報告式よりも勘定式の形がとられるのは左右のバランスが一覧できるからです。

※貸借対照表等式という。

Financial Statement 09

資産、負債をもっと詳しく見てみよう

資産、負債の科目

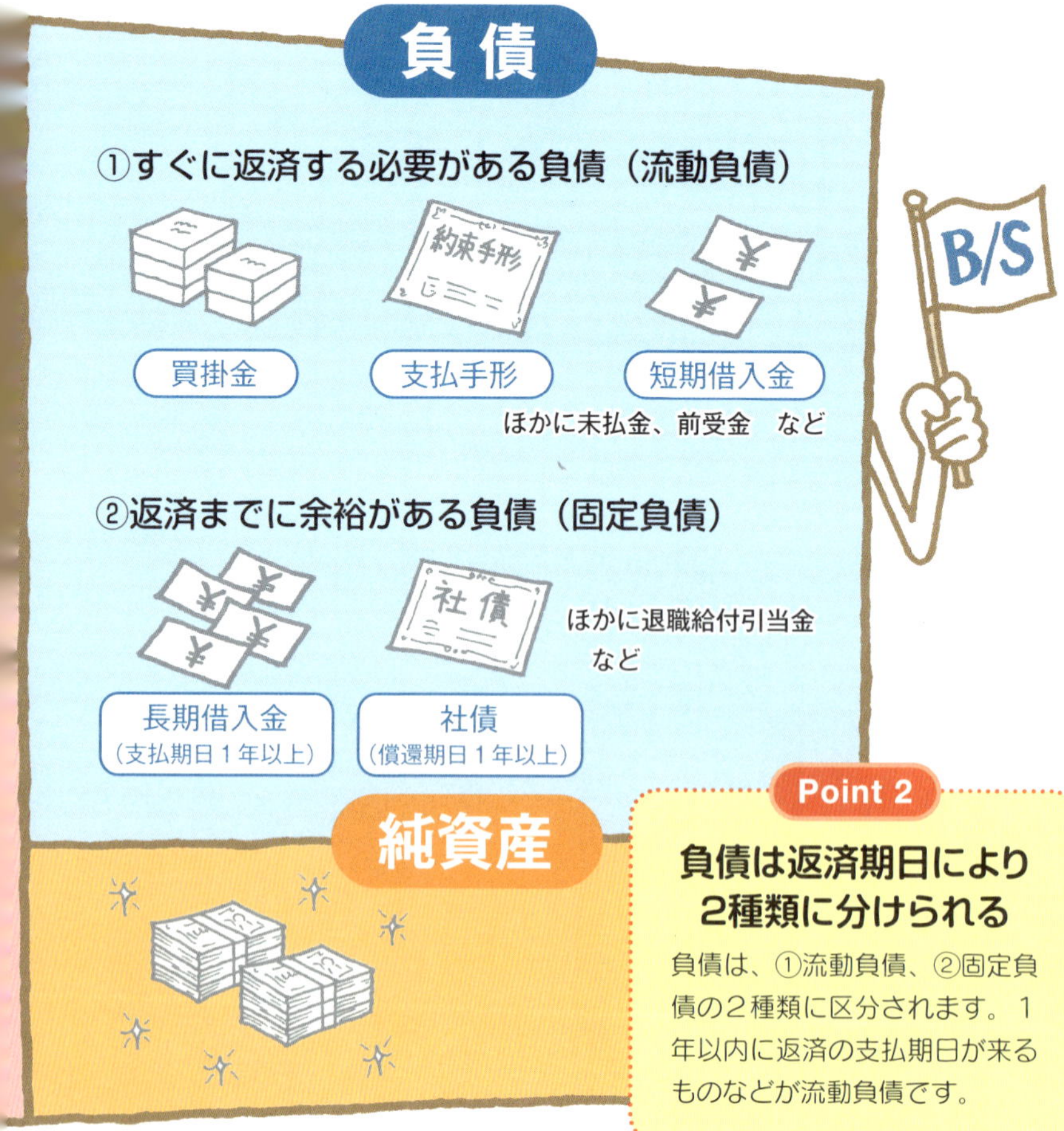

Point 2

負債は返済期日により2種類に分けられる

負債は、①流動負債、②固定負債の２種類に区分されます。１年以内に返済の支払期日が来るものなどが流動負債です。

Point 1

資産は換金性により2種類に分けられる

貸借対照表で資産は、①流動資産、②固定資産の２種類に区分されています。これらの違いは現金化しやすいかどうかなど、基本は１年が基準になります。

資 産

①すぐに換金できる資産（流動資産）

現金・預金

商品、製品

ほかに原材料、仕掛品　など

②換金するのに時間がかかる資産（固定資産）

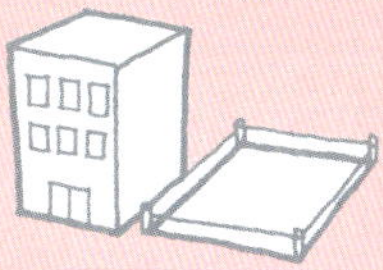

土地、建物

工具・器具・備品

車両運搬具

ほかに特許権、商標権　など

Point 1

資産は換金性により2種類に分けられる

資産は現金化しやすいかどうかで区分

貸借対照表には通常、表示されませんが、流動資産はさらに①当座資産、②棚卸資産、③その他の流動資産の３つに区分されます。これらも換金性の高い順です。また貸借対照表では固定資産がさらに①有形固定資産、②無形固定資産、③投資その他の資産の３つに区分されます。

流動資産	当座資産	現金・預金と、流動資産のうちでも最も換金性が高い受取手形、売掛金など。
	棚卸資産	棚卸しが必要な在庫。販売業では商品、製造業では製品、半製品、仕掛品、原材料など。
	その他の流動資産	モノやサービスを受け取る権利のようなもの。前払金、立替金、未収入金など。
固定資産	有形固定資産	形がある固定資産。建物、構築物、機械・装置、車両運搬具、工具・器具・備品、土地など。
	無形固定資産	形がない固定資産。営業権、特許権、商標権、ソフトウェアなど。
	投資その他の資産	有形・無形以外の固定資産。投資有価証券、子会社・関連会社株式、長期貸付金など。

資産は、会社が事業を行うお金（元手）が姿を変えたものです。現金や預金だけでなく、会社が所有する在庫の商品・製品、特許権など形のないものもすべて資産になります。

貸借対照表では**資産は換金性（現金化できる度合い）などにより３種類に分けられ**ます。１年以内にすぐ現金化できる換金性の高い資産は**流動資産**です。このうち現金・預金や売上債権（受取手形、売掛金）などは**当座資産**と呼び、売れないと換金できない在庫の商品・製品（棚卸資産）などとは区別します。

一方、１年以内の現金化が難しい資産は**固定資産**です。

Point 2

負債は返済期日により2種類に分けられる

流動負債、固定負債を詳しく見てみよう

貸借対照表で流動負債、固定負債には、資産のような３つの区分はありませんが、資産と同じく**現金化しやすい順**に並べられます。負債の場合は支払期日の到来の早い順で、決算日から**１年以内に返済期日が到来するもの**が流動負債です。ただし返済期間の長さではなく、返済期日の到来の早さを基準にするので、返済期間が数年ある長期の借入金などでも流動負債になることがあります。例えば長期借入金の分割返済でも１年以内に返済期日が到来する金額は「１年内返済予定の長期借入金」として流動負債に計上されます。

流動負債　決算日から１年以内に支払期日が到来するなどの負債。支払手形、買掛金、短期借入金、前受金、未払金、未払費用、未払法人税等、未払消費税、預り金など。

手形

固定負債　支払期日が決算日から１年超などの負債。長期借入金のうち返済期日が１年以内に到来しない金額、社債のうち償還期日が１年以内に到来しないもの、退職給付引当金など。

社債

流動負債は短期で返済、
固定負債は長期で返済です
B/S

負債は、事業の元手のうち社外から調達してきたもので、将来、決められた期限に**返済しなければならない**ものです。負債は借入金だけでなく、代金の支払いに振り出した支払手形や、掛け払いで仕入れたときの買掛金なども含まれます。

貸借対照表で負債は**流動性（現金化が早い度合い）などにより2種類に分けられ**ます。決算日から1年以内に支払期日が来る（現金化する）負債は**流動負債**。1年以内に支払期日が来ない負債は**固定負債**です。

なお負債は社外の「他人」から調達してきた元手であることから**他人資本**ともいいます。

Financial Statement 10

純資産をもっと詳しく見てみよう

純資産、自己資本、株主資本の関係

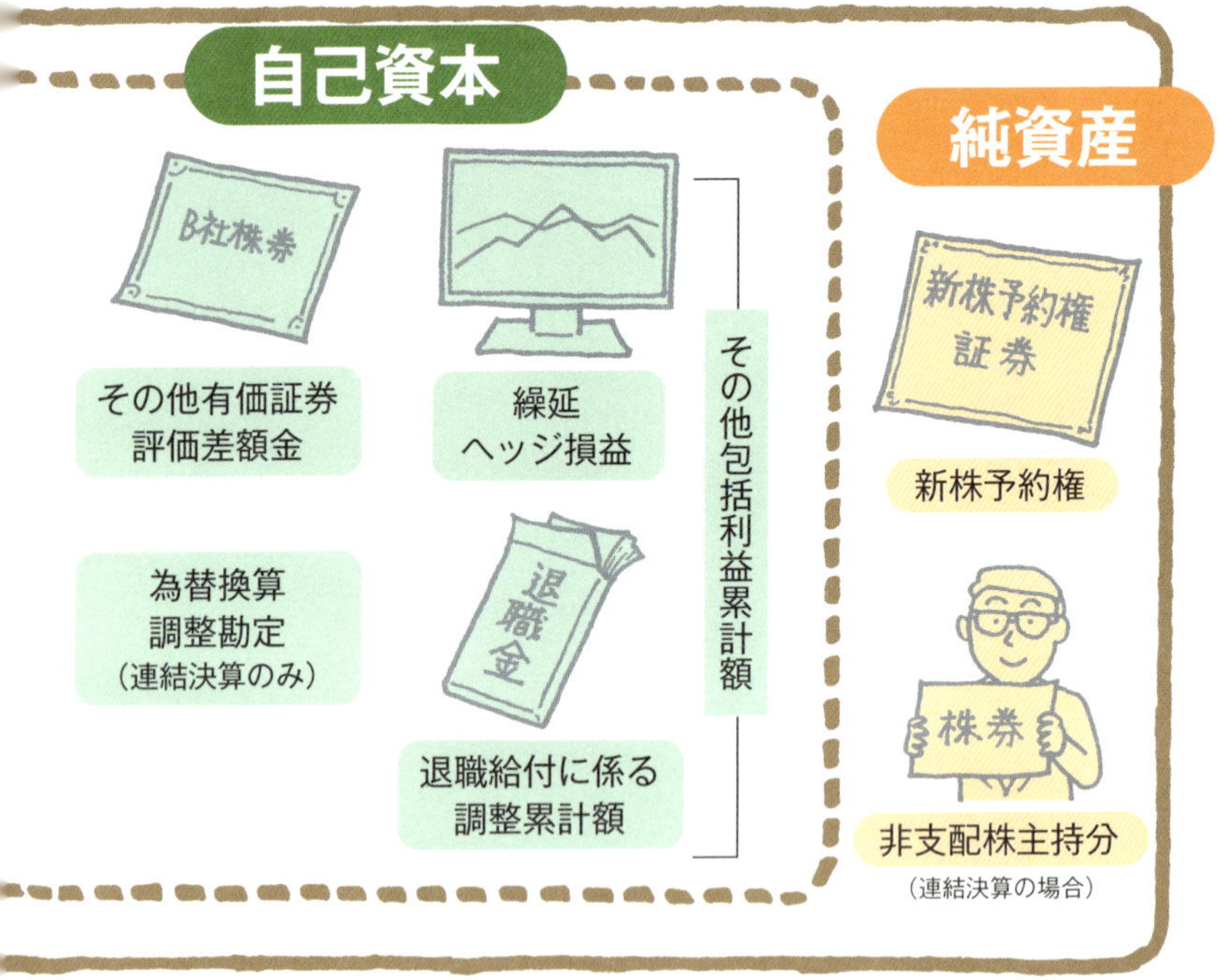

負債は、将来返済が必要な事業の元手。これに対して同じ元手でも株主からの出資や会社があげた利益の一部など、返済の必要のない元手が**純資産**です。

純資産のうち、ストックオプション[※1]などの**新株予約権**や、連結決算の場合の**非支配株主持分**[※2]を除いたものを**自己資本**といいます。会社が外部に頼らずに自分の力で調達してきた元手です。新株予約権がなく、個別（単独）決算であれば、**純資産＝自己資本**です。

※1　会社が社員など個人に対してあらかじめ決めた価格で自社の株式を取得できる権利。

※2　子会社の資本のうち親会社の持分でない部分。

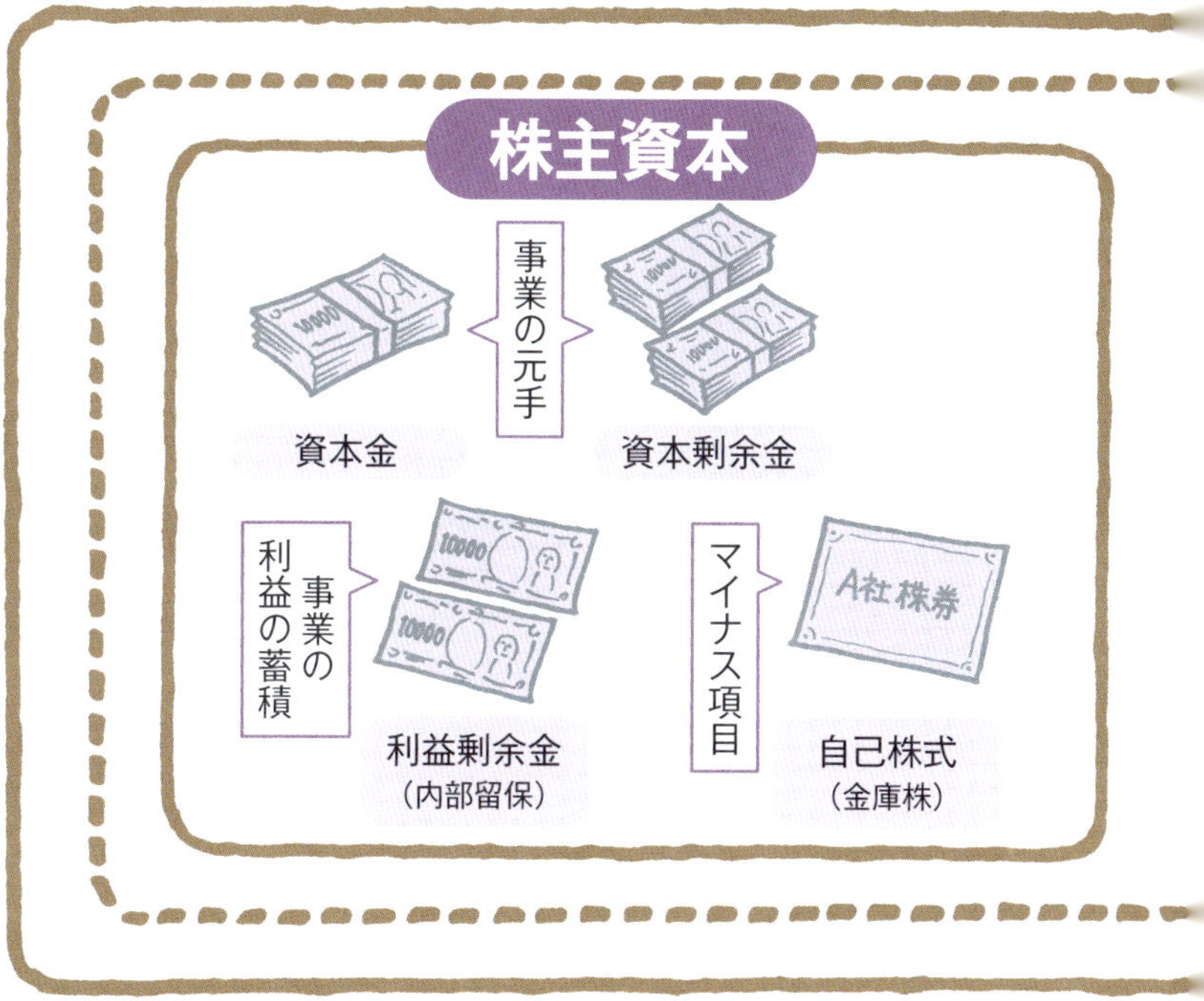

また自己資本は、株主資本と、その他の包括利益（☞P47）累計額の合計です。つまり、その他の包括利益累計額の表示がない貸借対照表では、**純資産＝株主資本**です。

以上のことから、**純資産≧自己資本≧株主資本**という関係になります。

株主資本には株主が出資した資本金や、出資のうち資本金にしなかった残りの資本剰余金、利益から配当などを支払った残りの利益剰余金、自己株式※3があります

※3　会社が所有する自社の株式で、一般に発行済みの株式を株主から買い戻して所有するものをいう。

Financial Statement 11

貸借対照表のココをチェックしよう

5つの数字を比較する

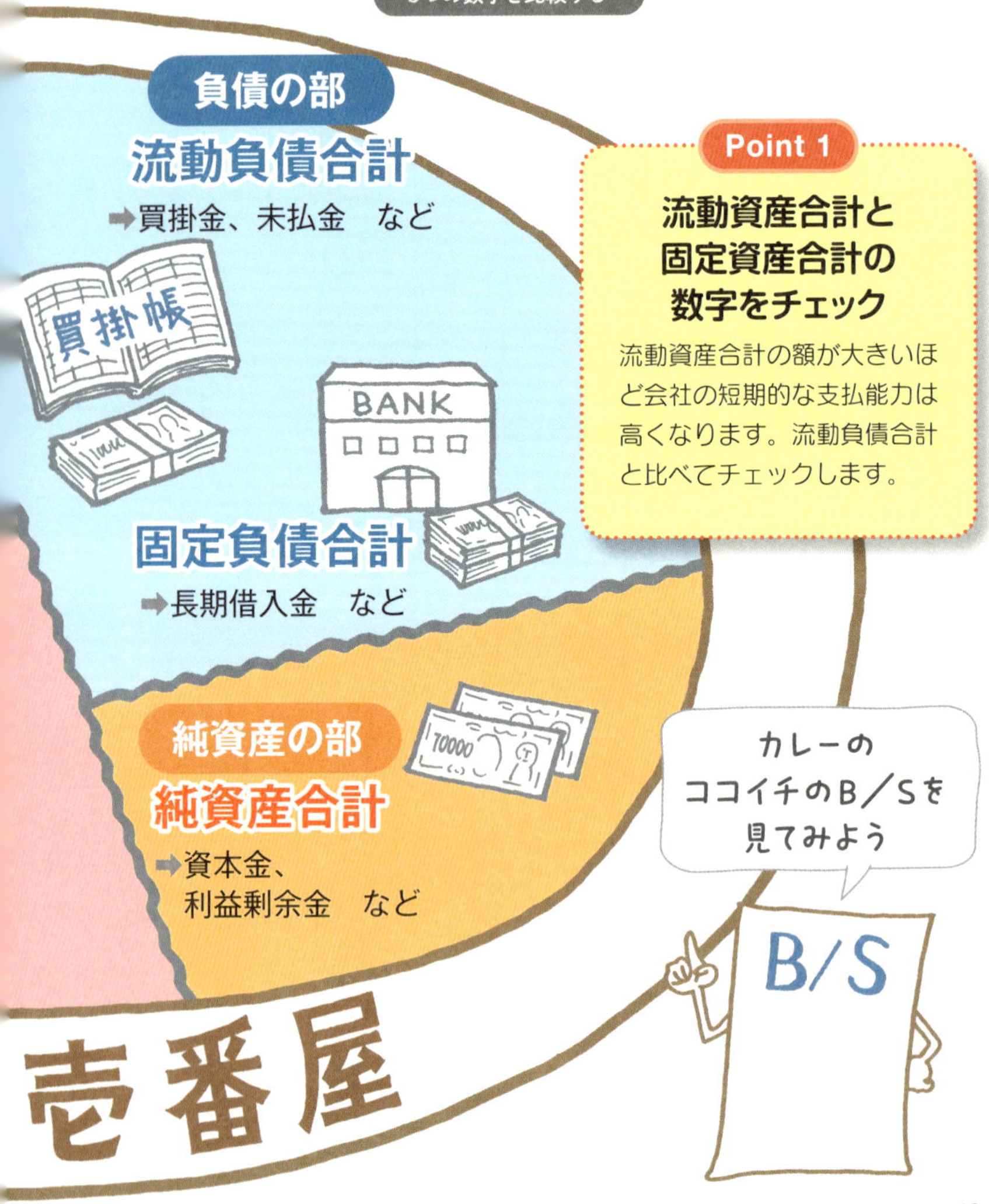

Point 1

流動資産合計と
固定資産合計の
数字をチェック

流動資産合計の額が大きいほど会社の短期的な支払能力は高くなります。流動負債合計と比べてチェックします。

Point 2

流動負債合計、固定負債合計、純資産合計の数字をチェック

流動負債合計は流動資産合計と比べて短期的な支払い能力をチェック。また固定負債合計と純資産合計は固定資産合計と比べて、長期的な支払能力をチェックします。

Point 3

5つの数字を比較してみる

ここにあげた5つの合計額は相関性に注目して見ることが大事です。純資産合計は負債・純資産合計と比べることで財務体質の健全性をチェックすることもできます。

CoCo壱番屋の貸借対照表を見てみよう

㈱壱番屋：カレー専門店チェーン大手。ハウス食品グループ本社の連結子会社。国内約1,200店舗のうち9割がフランチャイズ加盟店。近年はアジアを中心に海外へも進出。

2024年２月期・連結貸借対照表

（単位：千円）

資産の部		負債の部	
流動資産		流動負債	
当座資産			
現金及び預金	15,899,596	買掛金	2,581,758
売掛金	3,403,946	１年内返済予定の長期借入金	6,432
商品及び製品	1,004,452	リース債務	197,539
仕掛品	41,495	未払金	1,898,087
原材料及び貯蔵品	273,876	未払法人税等	1,164,631
その他	918,705	契約負債	300,111
流動資産合計	21,542,074	賞与引当金	385,004
固定資産		株主優待引当金	108,464
有形固定資産		その他	561,659
建物及び構築物（純額）	5,150,074	流動負債合計	7,203,688
機械装置及び運搬具（純額）	595,159	固定負債	
土地	5,201,391	長期借入金	64,264
リース資産（純額）	284,048	リース債務	117,841
その他（純額）	710,654	繰延税金負債	47,839
有形固定資産合計	11,941,328	退職給付に係る負債	1,186,394
無形固定資産		資産除去債務	552,211
のれん	2,693,742	長期預り保証金	3,464,467
ソフトウエア	652,000	その他	17,757
その他	846,088	固定負債合計	5,450,775
無形固定資産合計	4,191,832	負債合計	12,654,463
投資その他の資産		純資産の部	
		自己資本	
投資有価証券	435,860	株主資本	
繰延税金資産	1,143,660	資本金	1,503,270
差入保証金	4,469,022	資本剰余金	1,389,950
その他	311,174	利益剰余金	27,223,274
貸倒引当金	△ 2,105	自己株式	△ 108,714
投資その他の資産合計	6,357,611	株主資本合計	30,007,779
固定資産合計	22,490,772	その他の包括利益累計額	
		その他有価証券評価差額金	97,989
		為替換算調整勘定	809,460
		退職給付に係る調整累計額	5,560
		その他の包括利益累計額合計	913,010
		非支配株主持分	457,592
		純資産合計	31,378,383
資産合計	44,032,846	負債純資産合計	44,032,846

Point 1

流動資産合計と固定資産合計の数字をチェック

流動負債よりも流動資産のほうが多いか

流動負債に対する流動資産の割合を示す指標が、**流動比率**（☞P.110）です。また流動資産の中でも現金・預金などとくに換金性の高いものを**当座資産**といい、流動負債に対する当座資産の割合を示す、**当座比率**という指標もあります。どちらも**100％を超えていることが安全性の目安**になります。一方で流動資産が多すぎることのデメリットもあります。例えば現金・預金が多すぎるのは会社の資金が寝ていて**有効活用されていない**状態だともいえます。

流動比率（％）＝ 流動資産 ÷ 流動負債 × 100

［壱番屋の場合］

21,542,074千円÷7,203,688千円×100＝**299.0％**

当座比率（％）＝ 当座資産 ÷ 流動負債 × 100

［壱番屋の場合］

19,303,542千円÷7,203,688千円×100＝**268.0％**

＼ 流動資産が多い**メリット**は ／

➡財政状況に余裕をつくり、短期的な支払能力と安全性を高める

＼ 流動資産が多い**デメリット**は ／

➡元手の資金が寝ていて有効活用されていないともいえる

貸借対照表をチェックするときの基本的なポイントをいくつか見ていきましょう。

1つめは**会社の資産の状態**です。流動資産と固定資産の合計額がそれぞれいくらかを見ます。一般的に換金性の高い（現金化しやすい）資産である**流動資産の額が多いほど**、代金の返済や借入れの支払いにあてる**短期的な支払能力が高い**といえます。

流動資産が多いか少ないかは流動負債と比較します。早く（1年以内に）出ていくお金である**流動負債よりも換金性の高い流動資産のほうが多ければ**、会社の財政に余裕があり**安全性が高い**といえます。

Point 2

流動負債合計、固定負債合計、純資産合計の数字をチェック

純資産、固定負債で固定資産をまかなっているか

純資産（≒自己資本）、固定負債に対する固定資産の割合を示す指標が、**固定比率**（☞P.112）と**固定長期適合率**（☞P.113）です。どちらも**100％を下回っていることが長期的な安全性の目安**になります。なお安全性よりも総合的な会社の財務体質の健全性を見る指標に、自己資本（☞P.60）と総資本（負債純資産合計）の割合を計算する、**自己資本比率**（☞P.114）があります。

固定比率（％）＝ 固定資産 ÷ 自己資本 ×100

［壱番屋の場合］

22,490,772千円÷30,920,789千円×100＝**72.7%**

固定長期適合率（％）＝ 固定資産 ÷（自己資本＋固定負債）×100

［壱番屋の場合］

22,490,772千円÷（30,920,789千円＋5,450,775千円）×100＝**61.8%**

自己資本比率（％）＝ 自己資本 ÷ 総資本 ×100

［壱番屋の場合］

30,920,789千円÷44,032,846千円×100＝**70.2%**

次に**会社の負債の状況**を見ます。前項の話を裏返すと、流動負債の額が多いほど短期的な支払負担が重く、**安全性に不安**があることになります。

もう少し長期の安全性を見る場合は、**固定資産合計と純資産合計、固定負債合計に着目**します。固定資産は土地、建物や工具器具備品など資金が長期にわたり固定化するものなので、その資金は返済の必要がない純資産と、流動負債よりも返済期限が先の固定負債でまかないたいところです。よって固定資産よりも純資産、固定負債が多ければ**長期的な支払能力が高い**ことになります。

Point 3

5つの数字を比較してみる

5つの数字を壱番屋で見てみよう

壱番屋の貸借対照表（☞P.64）の5つの数字を勘定式の図であらわしたのが下図です。まず流動資産が流動負債よりもはるかに大きいのが目につきます。また固定資産よりも固定負債が大きいことも一目瞭然です。返済の必要がない純資産は71%もあり、返済の必要がある流動・固定の2つの負債の割合は小さくなっています。負債が少ないのは資金面での負担が直営店よりも小さいフランチャイズ加盟店が多いことも関係があるでしょう。これらのことから同社の財政状況は良好といえるでしょう。

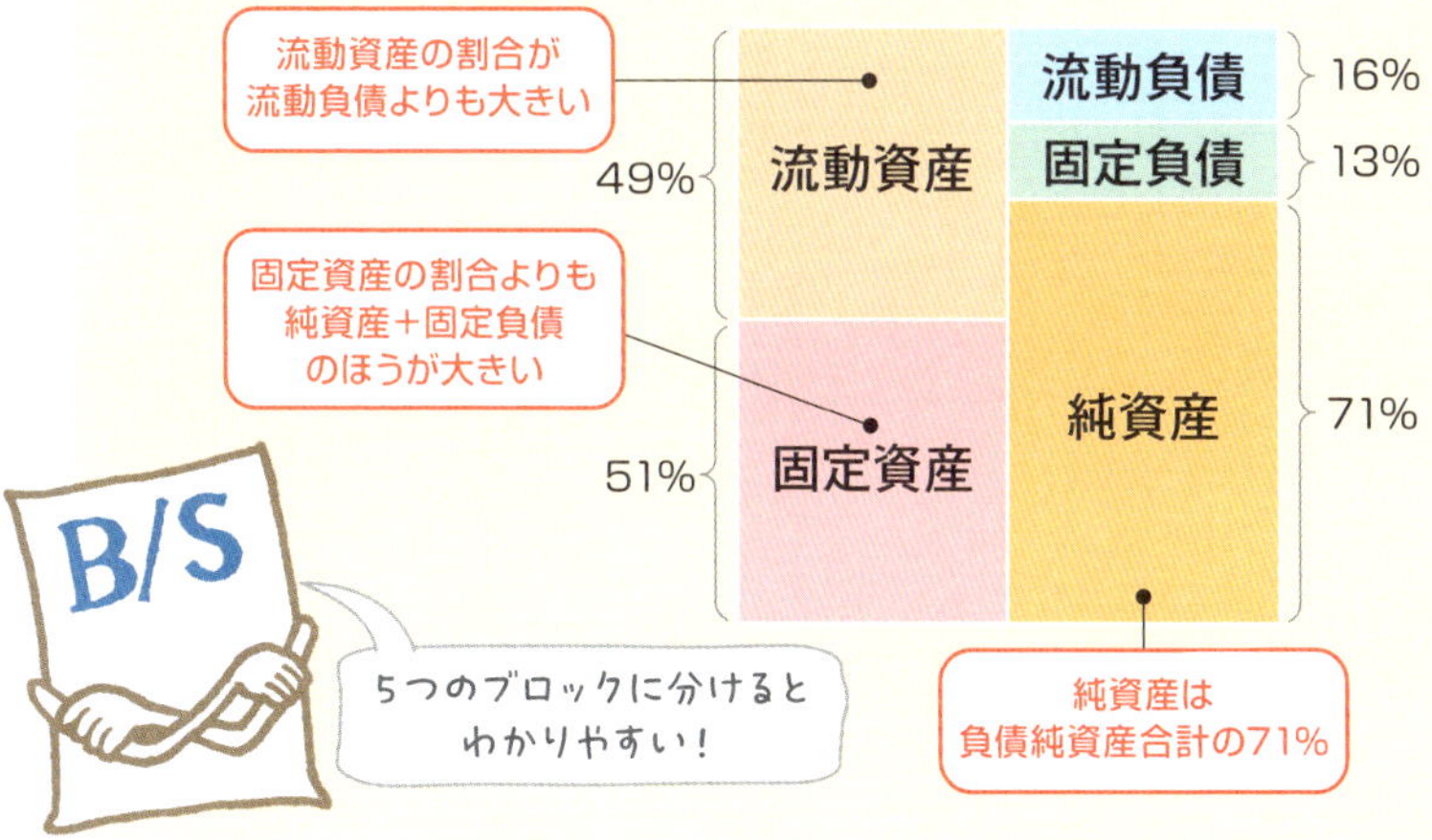

流動資産の割合が流動負債よりも大きい
固定資産の割合よりも純資産＋固定負債のほうが大きい
49%
51%
流動資産
固定資産
流動負債
16%
固定負債
13%
純資産
71%
純資産は負債純資産合計の71%
B/S
5つのブロックに分けるとわかりやすい！

流動資産、固定資産、流動負債、固定負債、純資産の**5つの数字の比較**が貸借対照表をチェックする際の基本です。**流動資産よりも流動負債のほうが多い**と短期間で多額の返済をしなくてはならず、資金に余裕があるとはいえません。多すぎる流動負債を減らすには、流動負債の代わりに固定負債と純資産を増やす方法が考えられます。例えば長期借入金の融資を受けたり、増資をして短期借入金を返済するなどです。

また**固定資産よりも純資産、あるいは純資産と固定負債の合計のほうが多い**ことも長期的な安全性にとって大切です。

科目の並びは流動性が高いものが上位

ここまで見てきたとおり、貸借対照表には様々な科目が並んでいます。この並び順は適当なものではありません。ちゃんと決められたルールに基づいて並べられているのです。

一般的な会社の貸借対照表では、現金化（換金）しやすいもの、つまり**流動性の高い科目を優先**して、上から順に並べています。このルールを、**流動性配列法**といいます。

例えば資産の部では、流動資産を上位に置き、固定資産はその下に配置されていますね。また同じ流動資産でも、現金及び預金、売掛金などの**当座資産が上位**に、仕掛品や原材料及び貯蔵品などが下位に置かれているのも、このルールに従っているからです。また負債の部では、買掛金や短期の借入金など、**返済期限が短いものほど流動性が高い**とされて、上のほうに並べられています。

このように流動性が高い科目を上位に配置するのは、短期的な会社の支払能力や、資金繰りの状況など、**会社の安全性を見るのに便利**だからです。

ただ、例外もあります。例えば**電気やガス**の事業会社は固定資産や固定負債の占める割合が高いという業種の特性があります。そのためこれらの会社の貸借対照表では、**換金性が低い科目から上位に並べる**ことで、設備資金に関わる財務状況をわかりやすく表示しています。これを**固定性配列法**といいます。

Chapter 3

経営分析とビジネスモデル

会社の経済活動の結果を
あらわす**決算書**には
ビジネスモデルや
経営戦略が
反映されている！

B/S

P/L

1 **決算書**をもとに…

OX K.K.
決算書
損益計算書や
貸借対照表です

2 さまざまな
経営指標を割り出して…

売上高
売上原価
売上総利益
決算書
儲かっているか
資産をうまく使えているか
支払いは大丈夫か
などの指標です

3

会社の**ビジネスモデル**や**戦略**、**特性**などと関連づけて読み解くと…

ビジネスモデルとは事業の進め方や稼ぐ仕組みです

4

会社の財政状況や経営実態が**より深くわかる!**

数字の意味や経営課題が見える!

経営指標からいろいろなことがわかる!

収益性は?
売上総利益率（☞P.72）
営業利益率（☞P.78）　など

効率性は?
総資産回転率（☞P.96）
有形固定資産回転率（☞P.102）　など

安全性は?
流動比率（☞P.110）
固定比率（☞P.112）　など

成長性は?
売上高成長率（☞P.118）　など

経営分析はビジネスモデルと関連づける

会社はそれぞれ、事業の進め方（事業戦略）や、稼ぐ仕組み（収益構造）など、**独自のビジネスモデル**をもっています。会社の経済活動の結果を数字であらわした決算書には、そうした**ビジネスモデルや経営の特徴がしっかりと反映**されています。

決算書をもとに割り出した各種の**経営指標**を使って**経営分析**を行うときは、会社のビジネスモデルや戦略、特性などと関連づけて数値を読み解くと、財政状況や経営実態を**より深く理解する**ことができます。

Financial Statement
12

商品やサービスの儲けるチカラを読み取る

売上総利益率（粗利益率／アラリ率）

売上の多くは販売手数料だから
売上原価はあまりかからず
アラリ率は高い！
売上原価
ZOZO
ZOZO
アラリ

Point 1

売上に対するアラリの割合から収益力を見る

会社が稼いだザックリとした儲けの額がアラリ（売上総利益）。売上高に対するアラリの割合は会社の収益力を示す指標の1つです。

Point 2

ZOZO、ユニクロ、西松屋、アラリがいいのはどの会社?

同じアパレル小売りでも「手数料を得る」「作って売る」「仕入れて売る」など収益をあげる仕組みが違うとアラリの割合にも差が出ます。

FAST RETAILING
ファーストリテイリング
(ユニクロ)
売上原価
アラリ
ニーズに合ったオリジナル商品を
大量に製造・販売すれば
原価率が下がってアラリが増える!

西松屋
西松屋チェーン
売上原価
アラリ
郊外型のベビー・子供服専門店
だけど商品の仕入価格が高くなると
アラリが減る…

Point 1

売上に対するアラリの割合から収益力を見る

商品・サービスの競争力を示す売上総利益率

売上に対する５つの利益（☞P.30）の割合はそれぞれ会社の**収益力**をはかる指標となります。第１段階の利益＝売上総利益が売上高に占める割合が**売上総利益率（アラリ（益）率）**です。一般に数値が高いほど会社の商品やサービスの収益力が高いと考えられます。売上総利益率の水準は**業種ごとに異なり**、最も低いのは仕入コストの割合が高い卸売業。製造業や小売業は20～30％程度。最も高いのが宿泊業・飲食サービス業です。

売上総利益率は業種により大きく異なる！

	売上原価率	売上総利益率	
全産業	73.6％	**26.4％**	
宿泊業・飲食サービス業	36.7％	**63.3％**	高
情報通信業	52.4％	**47.6％**	
小売業	69.6％	**30.4％**	
建設業	76.1％	**23.9％**	
製造業	79.3％	**20.7％**	
卸売業	84.9％	**15.1％**	低

（資料：中小企業実態基本調査・令和5年確報〈令和4年度決算実績〉）

売上総利益率とは

売上高に対する売上総利益の割合。商品やサービスの競争力を示す指標と考えられる

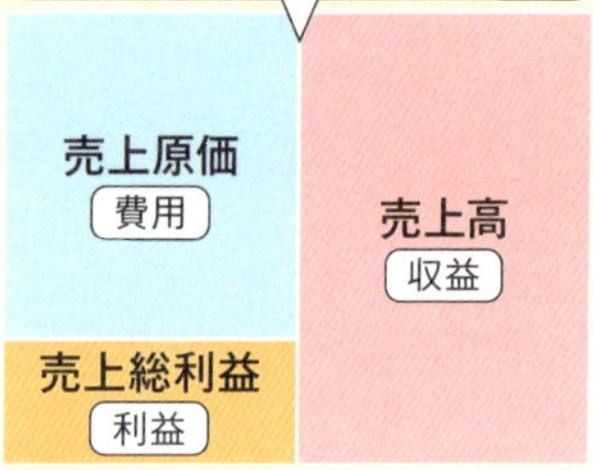

$$\frac{\text{売上総利益}}{\text{売上高}} \times 100 = \text{売上総利益率(\%)}$$

会社が本業で得たザックリとした儲けの額が、**アラリ（粗利益**☞P32）です。会計の世界では「**売上総利益**※」といいます。アラリは売上高から**売上原価を差し引いた残り**の額です。売上原価とは、小売業なら商品の仕入値など、製造業なら原材料費や製造関係の人件費などです。✎**アラリが売上高に占める割合が「売上総利益率（アラリ（益）率）」**です。会社の収益力を示す指標の1つで、業種によって水準は異なりますが、高い数字ほど会社の✎**商品やサービスの付加価値の度合いが高く、競争力があり**、収益力が高いと考えられます。

※売上高総利益ともいう。

Point 2

ZOZO、ユニクロ、西松屋、アラリがいいのはどの会社？

ZOZOのビジネスモデルは売上原価がかからない

ZOZOの主力事業は1,500店以上が出店するＥＣ（電子商取引）サイトのショッピングモール「ZOZOTOWN」などでの通販事業。取扱高は5,000億円超ですが、同社の売上となるのはこの売上代金ではなく、その３割程度とみられる受託販売手数料です。ZOZOは各店舗から商品を受託在庫の形で預かり、販売するビジネスモデルであるため、商品の仕入コストを負う必要がありません。収益は販売時に得られる手数料収入であり、これならコストがかからず、売上原価が低く抑えられることから、アラリ率（売上総利益率）は90％超という非常に高い数値です。ちなみに、アラリから販管費を差し引いた後の営業利益率は約30.5％です。

●ZOZOの損益計算書

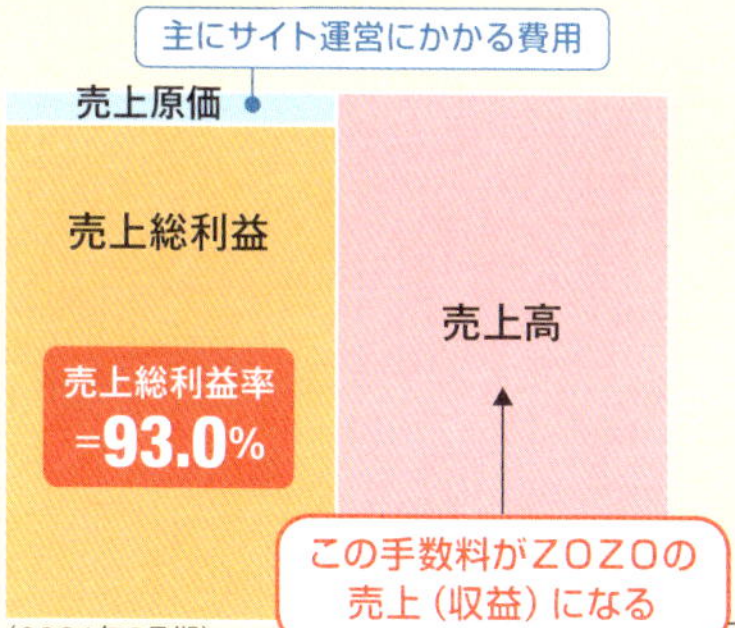

（2024年3月期）

●ZOZOのビジネスモデル

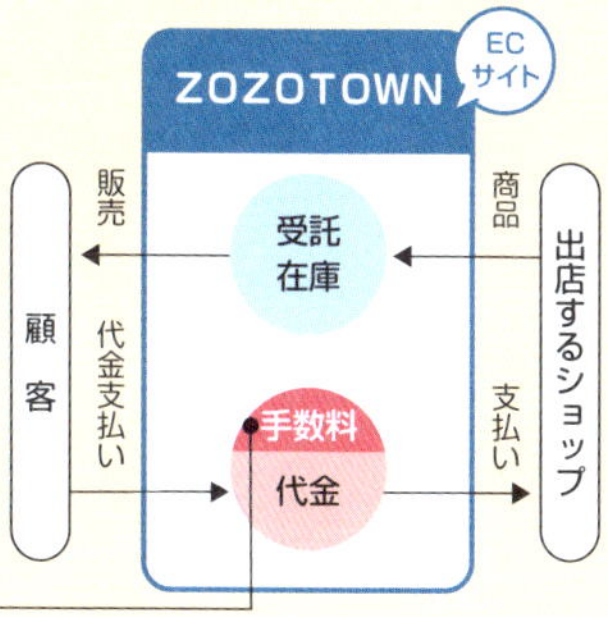

この売上総利益率を**同じ衣料品小売業の3社で比較**してみましょう。まずはアパレルEC大手の**㈱ZOZO**。上図はZOZOの売上高（収益）に対する、売上原価（費用）と売上総利益（利益）の割合を、勘定式（☞P24）の形で示したものです。これを見ると同社の売上原価は売上高の1割弱に過ぎません。そのため大きなアラリを稼ぎ出しています。売上総利益率はなんと93・0％。これほど高い数値を実現できる理由は、商品の仕入コストがかからず、**売上の約6割を受託販売手数料**が占めるという同社のビジネスモデルにあります。

SPAのファーストリテイリングと仕入販売の西松屋のアラリ率は？

商品を委託販売するＺＯＺＯとは異なり、ファーストリテイリングは自社ブランドの商品を企画から製造、販売まで一環して手がけるビジネスモデル。これにより一般の仕入販売よりもコストが抑えられ、高いアラリを生み出しています。一方、西松屋チェーンは商品を仕入れて低価格で販売しているため原価率（仕入値）は高くならざるを得ません。その代わりに少人数で店舗運営を行い、業務のマニュアル化などで人件費を抑え、出店も賃料の安い郊外に展開するなどして販管費を抑制。営業利益を確保しています。

ここまで同業３社のアラリ率を比較しましたが、手数料収入を柱とするＺＯＺＯが断然高い数値でした。といっても他の２社の業績がふるわないわけではありません。それどころかどちらも前期よりも売上を伸ばしています。

●西松屋チェーンの損益計算書

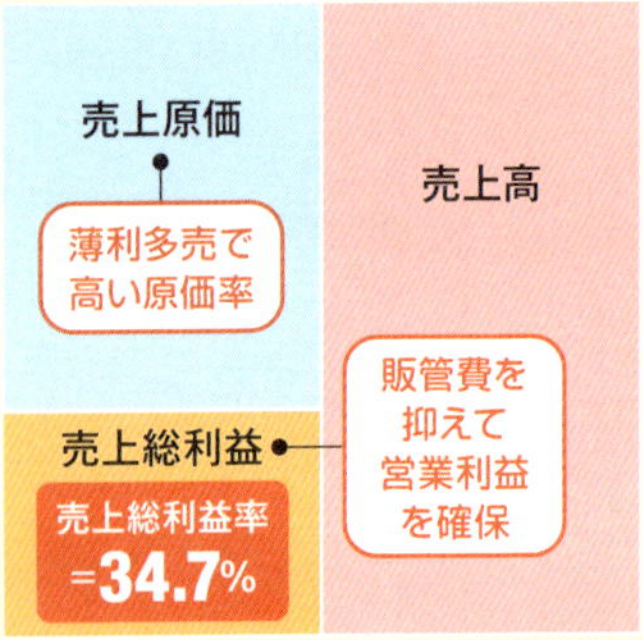

（2024年2月期）

●ファーストリテイリングの損益計算書

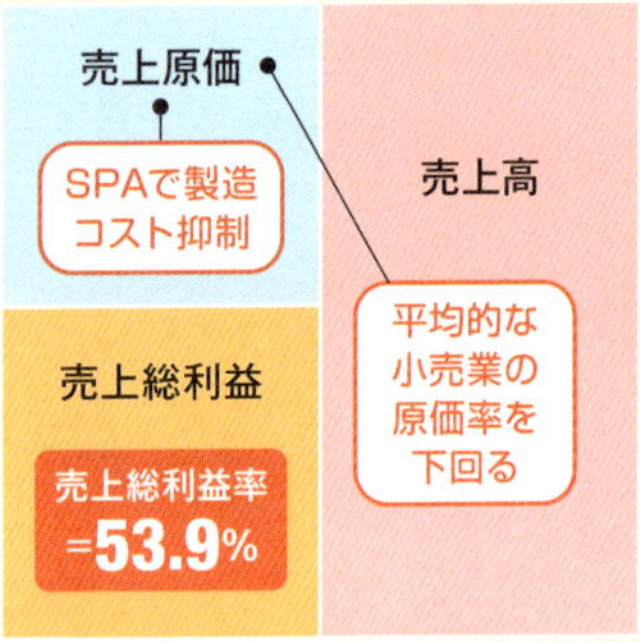

（2024年8月期）

続いて同じアパレル小売の2社を見てみましょう。ユニクロブランドを主力とする㈱ファーストリテイリングは**SPA（製造小売業）**※と呼ばれるビジネスモデルを展開しています。メリットは大量生産による製造コストの抑制。同社の売上原価率は約46％と小売業の水準である7割を下回り、売上総利益率は約54％。一方、子供・ベビー服の専門店を郊外に数多く展開する㈱西松屋チェーンは、基本的に**仕入れた商品を低価格で販売する業態**なので、どうしても仕入原価が大きな割合を占めます。売上総利益率は3社中では最低の34・7％です。

※アパレル業界などで自社ブランドのオリジナル商品を企画・製造から販売まで合わせて行う業態。

薄利多売の神戸物産、フィンテック強化の丸井Gのアラリ率は？

全国に約1,000店舗ある業務スーパーの多くはＦＣ店。神戸物産がＦＣ加盟店から得るロイヤリティはわずかで、売上の多くは加盟店に販売する商品代金です。安売り店というビジネスモデルであるためＦＣ店には低廉な価格で卸すため売上原価の割合が高く、売上総利益率はわずか11.4％。そのため販管費を徹底的に抑えて利益を確保しています。売上高販管費率※はわずか4.8％。20％程度が目安とされますから同社の経営効率の良さがうかがえます。

百貨店のイメージが強い丸井グループは近年、クレジットカード関連をはじめとするフィンテック事業を伸ばすビジネスモデルにシフトしています。フィンテック事業は売上で見ると小売事業の２倍以上、利益では６倍です。フィンテック事業はあまりコストがかからないため同社の売上総利益率は87.4％と高水準。ちなみに百貨店最大手の三越伊勢丹の同時期の売上総利益率は59.5％です。

※売上高に占める販管費の比率。

● 丸井グループの損益計算書

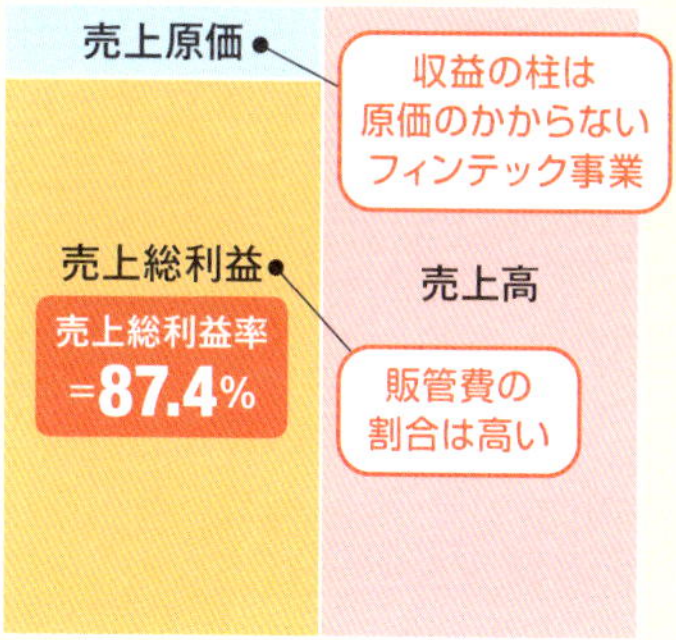

（2024年3月期）

● 神戸物産の損益計算書

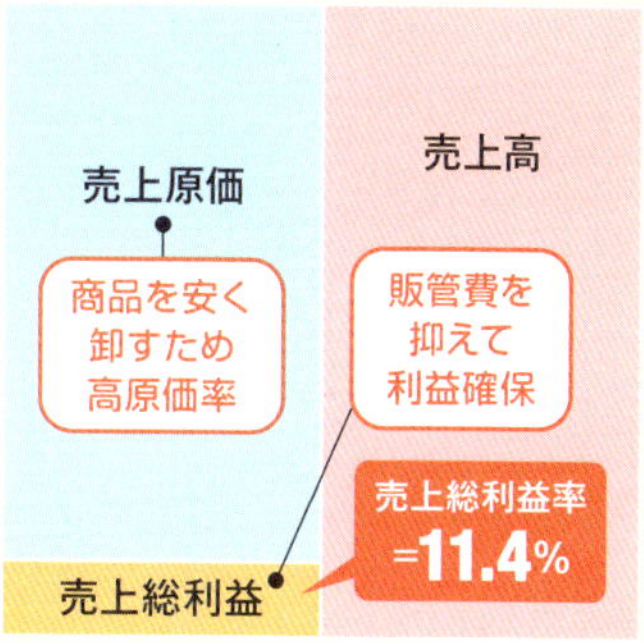

（2023年10月期）

次は業種も業態も異なる2社の比較。**業務スーパーをフランチャイズチェーン（FC）展開する㈱神戸物産**は売上の多くが加盟店に販売する商品の代金。その価格は加盟店がディスカウント販売するため原価にわずかな利益をのせただけ。そのため原価は売上の9割近くを占め、**アラリ率は1割強**という低い数値に。一方、**百貨店業の㈱丸井グループのアラリ率は9割弱**と高水準。同社は近年、フィンテック（金融）事業に注力し、売上は小売事業の2倍です。**フィンテック事業は売上原価が安く済む**ため、高いアラリ率を実現できるのです。

Financial Statement 13

本業だけでどれだけ儲けるかを読み取る

営業利益率

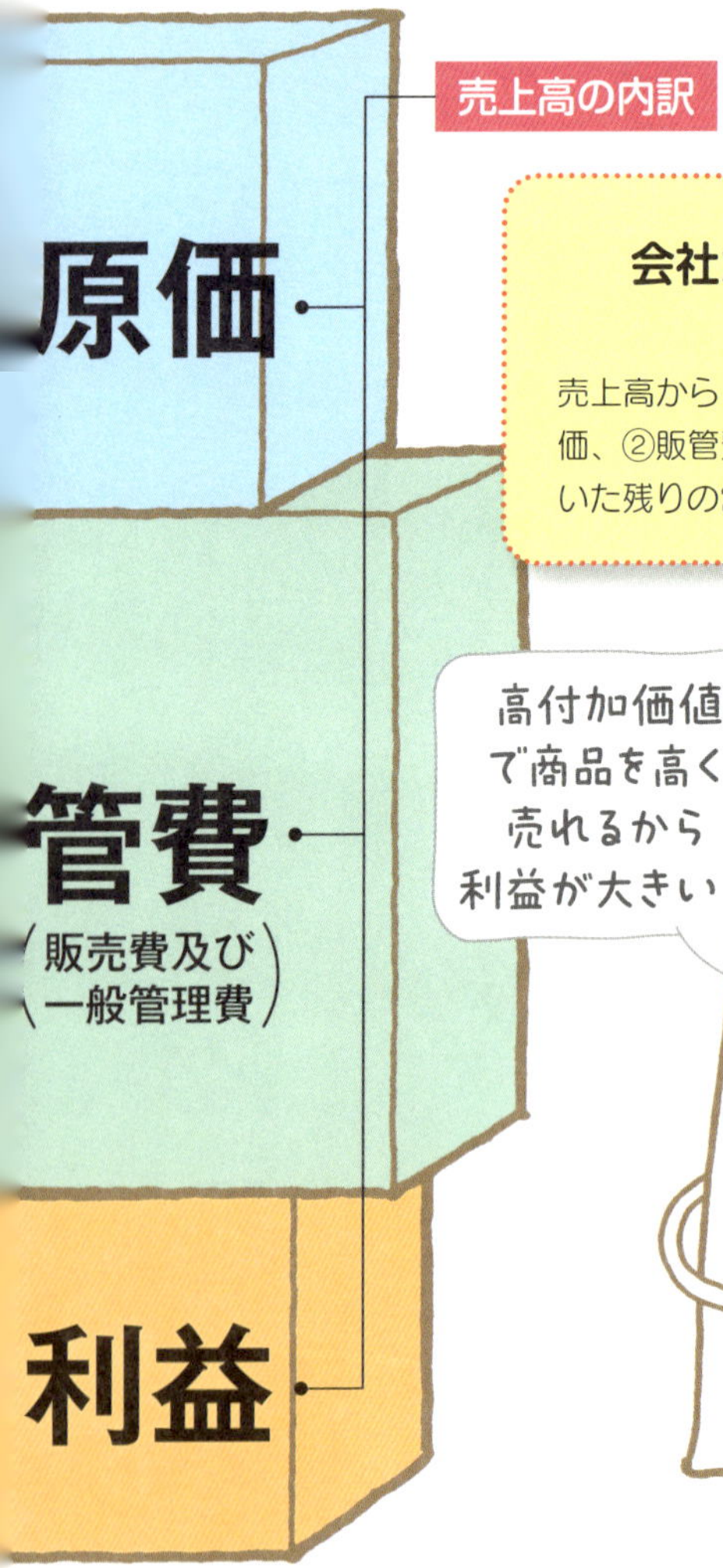

Point 1

会社が本業で儲けるチカラがわかる営業利益率

売上高から、本業でかかる2つの費用、①売上原価、②販管費（販売費及び一般管理費）を差し引いた残りの営業利益が、本業で儲けた利益です。

Point 2

キーエンス、ローム、ディスコ、営業利益率が高いのは?

売上原価が抑えられるキーエンス、企画から製造・販売まで行うためコスト高になりがちなローム、商品力の高いディスコと三者三様の収益構造が決算書にあらわれます。

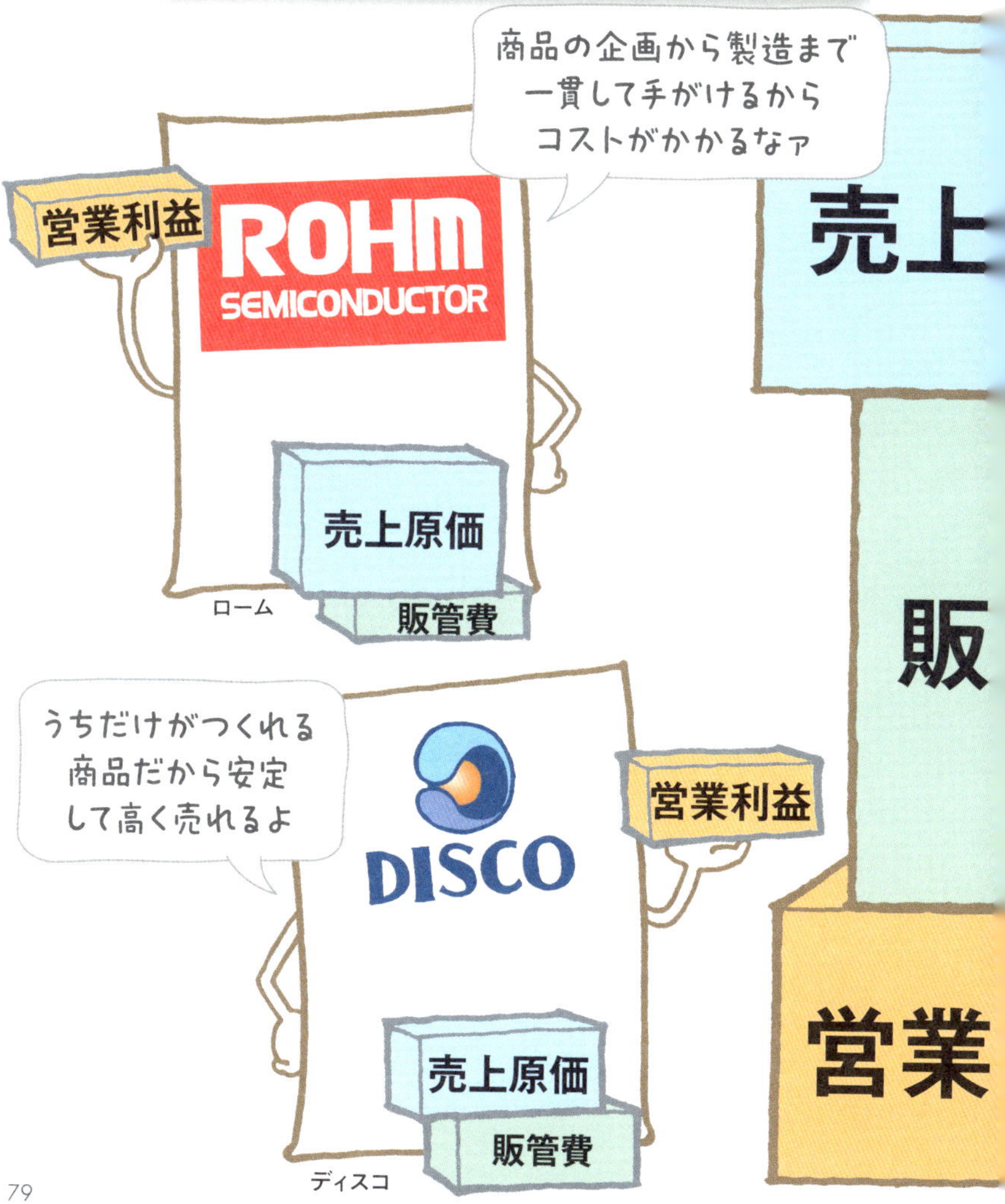

Point 1

会社が本業で儲けるチカラがわかる営業利益率

アラリから販管費を差し引いたものが営業利益

〈アラリ－販管費＝営業利益〉です。販管費は販売活動や会社全体の管理活動にかかる様々なコスト（☞P.29）で、**売上高に対するこの割合が販管費率**です。販管費率は業種によって差が見られ、製造業よりもサービス業のほうが高い数値になる（販管費の負担が大きい）傾向があります。各業種の平均的な営業利益率は下表のとおり1桁台で、**10%超の会社なら収益性の高い経営**を行っているといえます。

●業種別・営業利益率の目安

	販管費率	営業利益率
全産業	22.8%	**3.6%**
情報通信業	42.1%	**5.5%**
建設業	19.7%	**4.2%**
製造業	16.8%	**4.0%**
卸売業	13.0%	**2.1%**
小売業	28.4%	**2.0%**
宿泊業・飲食サービス業※	66.3%	**0.9%**

（資料：中小企業実態基本調査・令和5年確報〈令和4年度決算実績〉をもとに作成）

※コロナ禍の影響のない令和元年度決算実績による。

営業利益率とは

売上高に対する営業利益の割合。会社が本業のみで稼ぐチカラを示す指標といえる

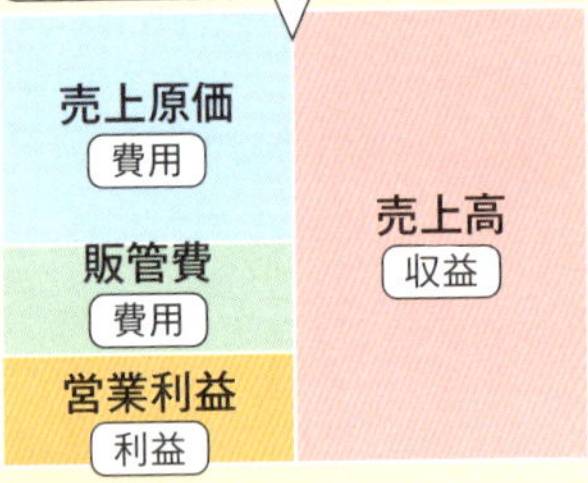

$$\frac{\text{営業利益}}{\text{売上高}} \times 100 = \text{営業利益率(\%)}$$

第2段階の利益である営業利益が売上高に占める割合が**営業利益率**です。前項の売上総利益は売上高から売上原価を差し引きましたが、この✎**アラリからさらに販売費および一般管理費（販管費）を差し引いたもの**が営業利益です。

販管費となるコストには人件費や研究開発費、広告宣伝費、荷造運搬費などがあり、売上原価とともに会社が本業である事業を営む上で不可欠なコスト。営業利益は**会社が本業で儲けた正味の利益**ということができ、売上高に対するその割合は**本業の収益力をはかる**ための重要な指標です。

Point 2

キーエンス、ローム、ディスコ、営業利益率が高いのは？

キーエンスはなぜ利益率の高い価格設定が可能なのか

キーエンスのＢ to Ｂ事業は海外の売上比率が６割を超えますが、代理店などは介さず自社の営業員が顧客と直接向き合う**直販体制**のもと、**コンサルティング営業**を行っています。また自社工場を持たず、生産は他社に外注する**ファブレス**で、**納期即納**体制をもつビジネスモデル。高付加価値付けした商品であるため**高いアラリをとれる価格設定**が可能です。売上高9,673億円に対して、売上原価は1,648億円で売上総利益率は83%。販管費は3,075億円で営業利益率は**51.2%**という高い数値（2024年3月期）。売上と利益の最大化を常に目指しています。平均2,000万円超の高年収でも有名で**販管費の半分近くを人件費**が占めます。

●高収益を実現するキーエンスの強み

ファブレス（自社工場を持たず生産はアウトソーシング）

↓

売上原価が抑えられる

直販体制、コンサルティング営業、顧客ニーズに基づいた新商品の開発など

↓

高付加価値の商品提供で高い価格設定が可能に

●キーエンスの損益計算書

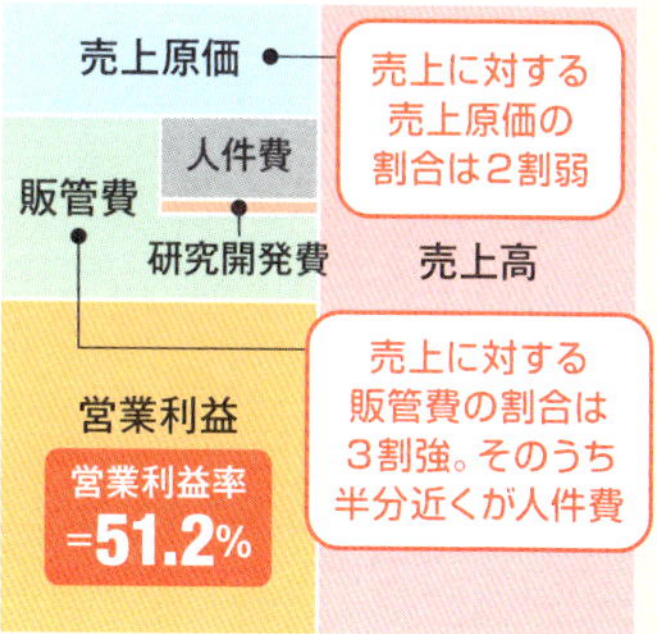

（2024年3月期）

営業利益率を**電子部品・機器メーカーの3社で比較**してみます。まず電子部品大手の**㈱キーエンス**。FA※用センサーなどのB to B（企業間取引）事業を柱とする同社は、長年にわたり高収益企業として知られています。アラリ率は80%以上、営業利益率は50%超という高い数字。国内外の多くの顧客に、代理店を介さない「直販」による「コンサルティング営業」を行い、また生産を外注して「即納体制」を構築。これらによって顧客に高付加価値の商品を提供し、**利益率の高い価格設定を可能**にしているのが同社の高収益ビジネスモデルです。

※ファクトリー・オートメーション。生産工場の自動化をはかるシステム。

ロームは垂直統合型生産、ディスコは高技術力で世界トップシェア

キーエンス、ローム、ディスコの販管費の内訳を、人件費と研究開発費に着目して比較してみます。下表を見ると、まずキーエンスの人件費の高い割合が目を引きます。同社は工場をもたないファブレスのため売上原価となる製造部門の人件費（労務費）は抑えられ、販管費となる営業や管理部門の人件費に高いコストをかけています※。

またローム、ディスコは、自社の強みである高い技術力の向上のため研究開発費に多くのコストをかけています。

●３社の販管費の内訳

	キーエンス	ローム	ディスコ
人件費	45.3%	21.3%	23.6%
研究開発費	8.2%	43.4%	31.3%

※製造業の場合、人件費のうち工場など生産部門に関わる人件費（労務費）は売上原価に算入するため、販管費でいう人件費とは営業や管理部門の人件費をさす。

●ディスコの損益計算書

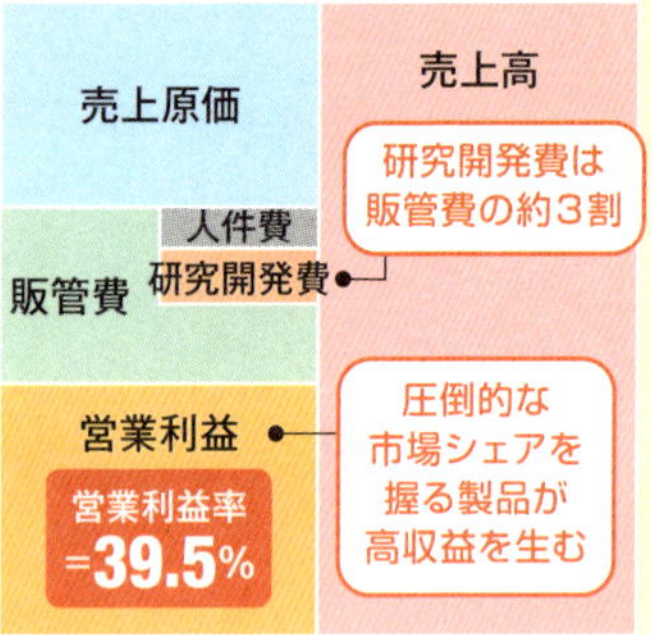

（2024年3月期）

●ロームの損益計算書

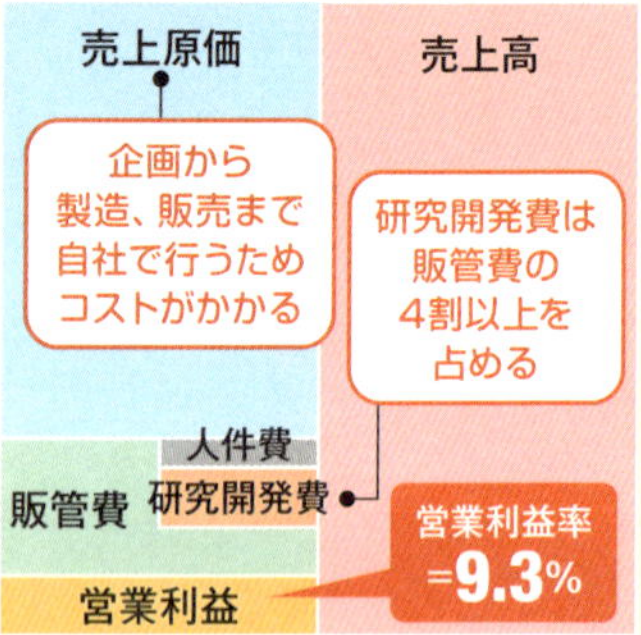

（2024年3月期）

半導体ほか電子部品製造大手の**ローム㈱**は製品の企画・設計から製造、販売まで自社グループで一貫して行う**垂直統合型生産体制**が特徴。※品質や供給の厳格な管理ができる反面、一定のコスト負担は避けられません。同社の売上原価率は約69%、販管費率は約22%で、営業利益率は約9%です。

一方、半導体製造装置などを手がける**㈱ディスコ**の営業利益率は高く約40%。**特定ジャンルで他社が追随できない高度な技術力**を発揮し、世界シェアトップの製品をいくつも生み出していることが高収益につながっています。

※近年は固定費の抑制などのため、外注費率を高める傾向にある。

事業者向けEC大手、アスクルとモノタロウの営業利益率は？

アスクルは文具などオフィス用品が中心で、モノタロウ（MonotaRO）は工具などの間接資材が主力。売上高こそアスクルの約4,700億円に対してモノタロウは約2,500億円と開きがありますが、売上原価率、販管費率ともアスクルのほうが高いため、営業利益率ではモノタロウが３倍以上の数値です（右表参照）。売上規模でまさるアスクルのほうが、商品の仕入原価のほか流通関連費や外注費、人件費などが割高になる傾向はありますが、同社の営業利益率は長らく１桁台前半で推移しています。この要因には商品単価も関わっているかもしれません。モノタロウが扱う間接資材は単価の高いものも多いですが、アスクルは文具など比較的単価の安い商品が多く、利益の上乗せがしにくい面があります。

	アスクル	モノタロウ
売上高	4,717億円	2,543億円
売上原価率	75.1％	70.1％
販管費率	21.3％	17.6％
営業利益率	3.6％	12.3％

●アスクルの損益計算書

（2024年5月期）

●モノタロウの損益計算書

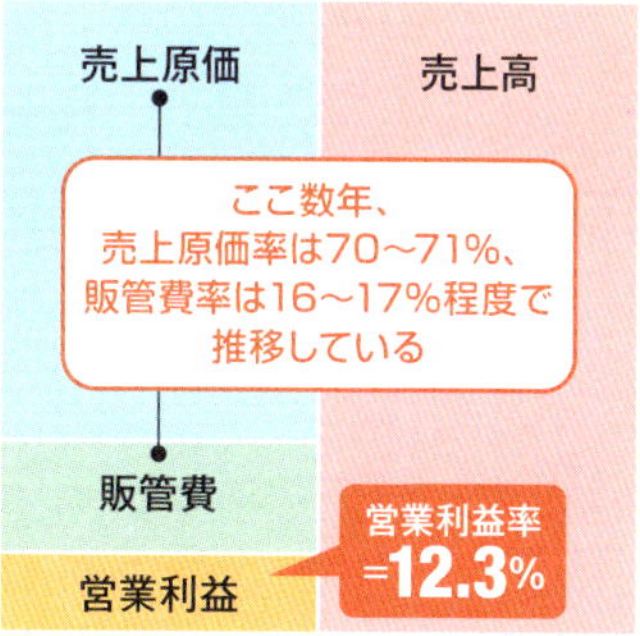

（2023年12月期）

続いて事業者向けECサイトを運営するアスクル㈱と㈱モノタロウの営業利益率を比べてみます。売上高ではアスクルがモノタロウの約2倍ですが、営業利益率はアスクルの3・6％に対してモノタロウは3倍以上の12・3％と逆転しています。どちらもサイトの運営・管理や物流などにコストがかかり、大きな利益は出しにくいといえますが、この営業利益率の傾向は単年のみではなく、アスクルは1桁前半、モノタロウは10数％で近年推移しています。この差はアスクルのほうが売上原価と販管費にかかる割合が高いことから生まれたものです。

Financial Statement 14

ふだんの経営でどれだけ儲けるかを読み取る

経常利益率

Point 1

会社が通常、継続的に儲けるチカラがわかる経常利益率

営業利益から営業外損益（営業外収益と営業外費用）を加減した経常利益（ケイツネ）が、会社が経常的に儲けた利益です。

Point 2

経常利益が営業利益よりも増えるか減るかは営業外損益次第

営業外損益は収益となる受取利息や、費用となる支払利息など会社の財務活動（資産運用）による損益がメインです。

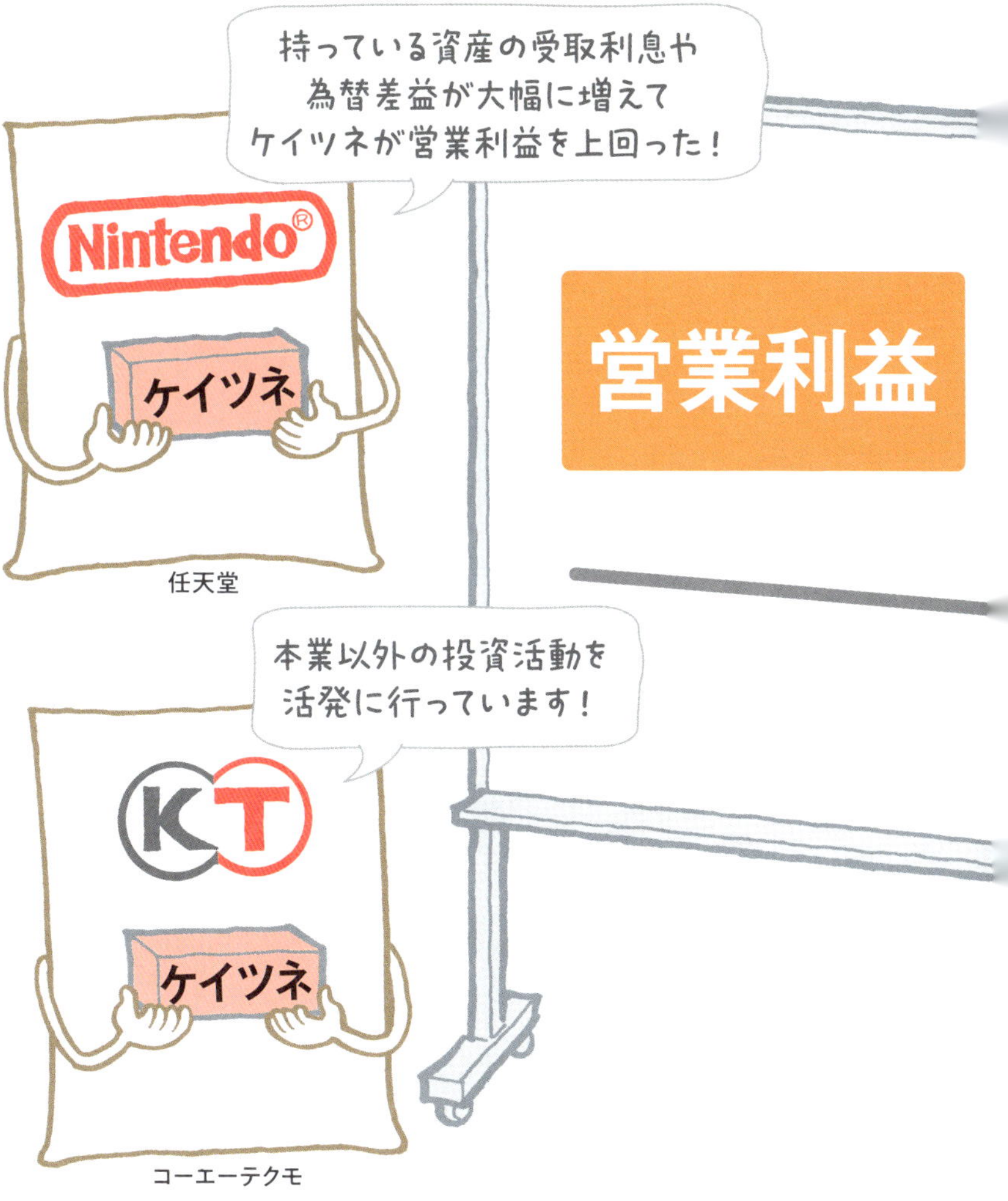

Point 1

会社が通常、継続的に儲けるチカラがわかる経常利益率

経常的に得られる収益とかかる費用を営業利益に加減

営業外収益と営業外費用（合わせて営業外損益という）は、本業の営業活動以外の主に会社の資産を使った投資・運用に関わる損益などです。そして毎期のように継続的に発生するものが該当します。下図のとおり、会社が本業の活動で得た営業利益に、営業外収益をプラスし、さらに営業外費用をマイナスしたものが、経常利益。これが会社が通常行う経済活動で得たすべての利益の合計で、この売上高に対する割合を経常利益率といいます。

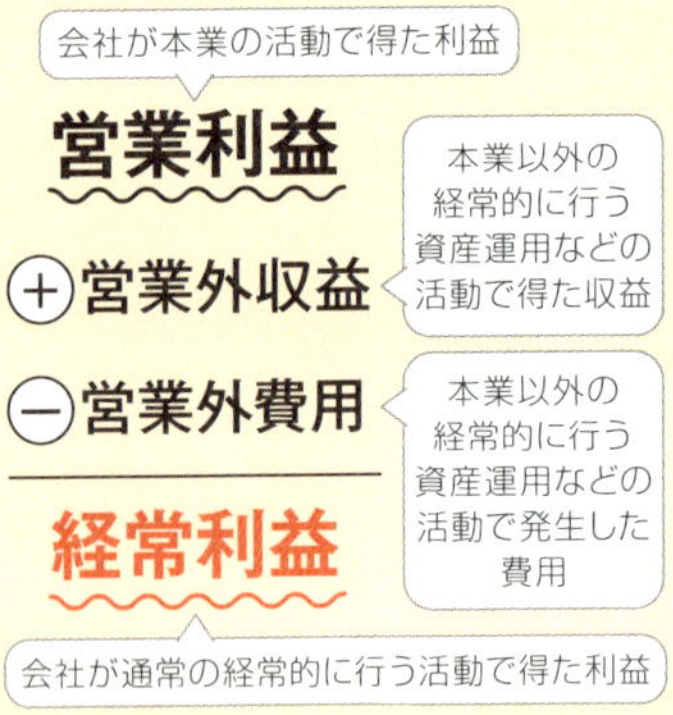

会社が本業の活動で得た利益
営業利益
＋営業外収益
本業以外の経常的に行う資産運用などの活動で得た収益
－営業外費用
本業以外の経常的に行う資産運用などの活動で発生した費用
経常利益
会社が通常の経常的に行う活動で得た利益

$$\frac{\text{経常利益}}{\text{売上高}} \times 100 = \text{経常利益率（\%）}$$

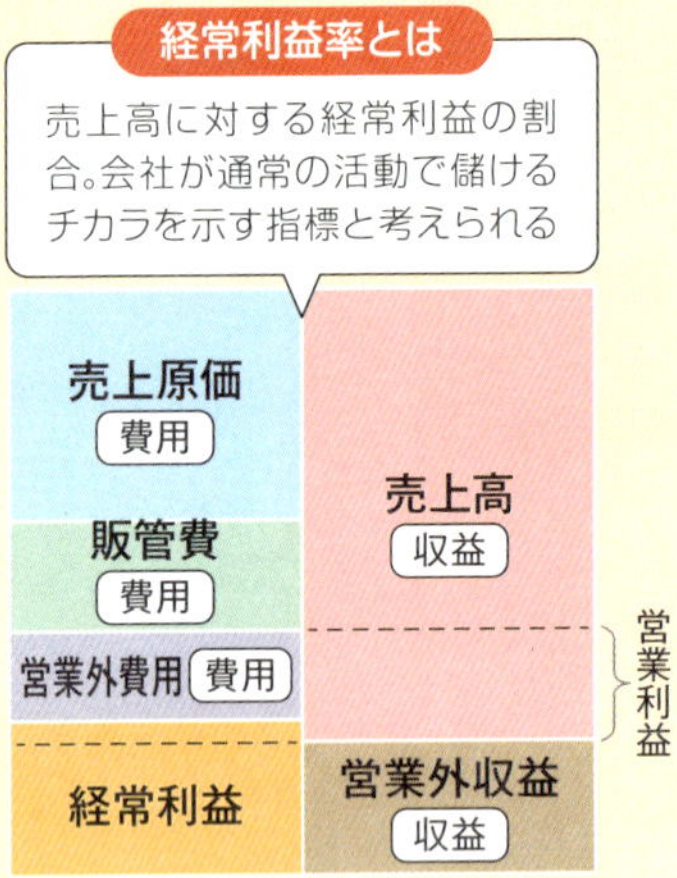

経常利益率とは
売上高に対する経常利益の割合。会社が通常の活動で儲けるチカラを示す指標と考えられる
売上原価 費用
販管費 費用
営業外費用 費用
経常利益
売上高 収益
営業利益
営業外収益 収益

会社が本業の活動で得た儲けが営業利益。これに本業以外の活動、主に資産運用など〝経常的に〟得られる収益（営業外収益）と〝経常的に〟かかる費用（営業外費用）※を加減したものが経常利益、ケイツネです。要するに企業が通常行う様々な経済活動で得られたすべての利益の合計です。

ケイツネの売上高に対する割合を経常利益率といい、会社の継続的な収益力をはかるモノサシになります。数値の目安は業種によって異なるため一概にはいえませんが、当然、数値が高いほど経営状態は良いと考えられます。

※2つを合わせて営業外損益という。

営業利益と経常利益を比べて考える

営業外収益には銀行預金や第三者への貸付で得られる受取利息をはじめ、株式などへの投資で得られる受取配当金、所有する不動産の賃貸料などがあります。一方、営業外費用には借入金の支払利息や、為替相場の変動で生じた為替差損などがあります。どこにも分類できないものや額が少なくて重要でないものは、営業外収益では雑収入、営業外費用では雑損失としてあらわされます。

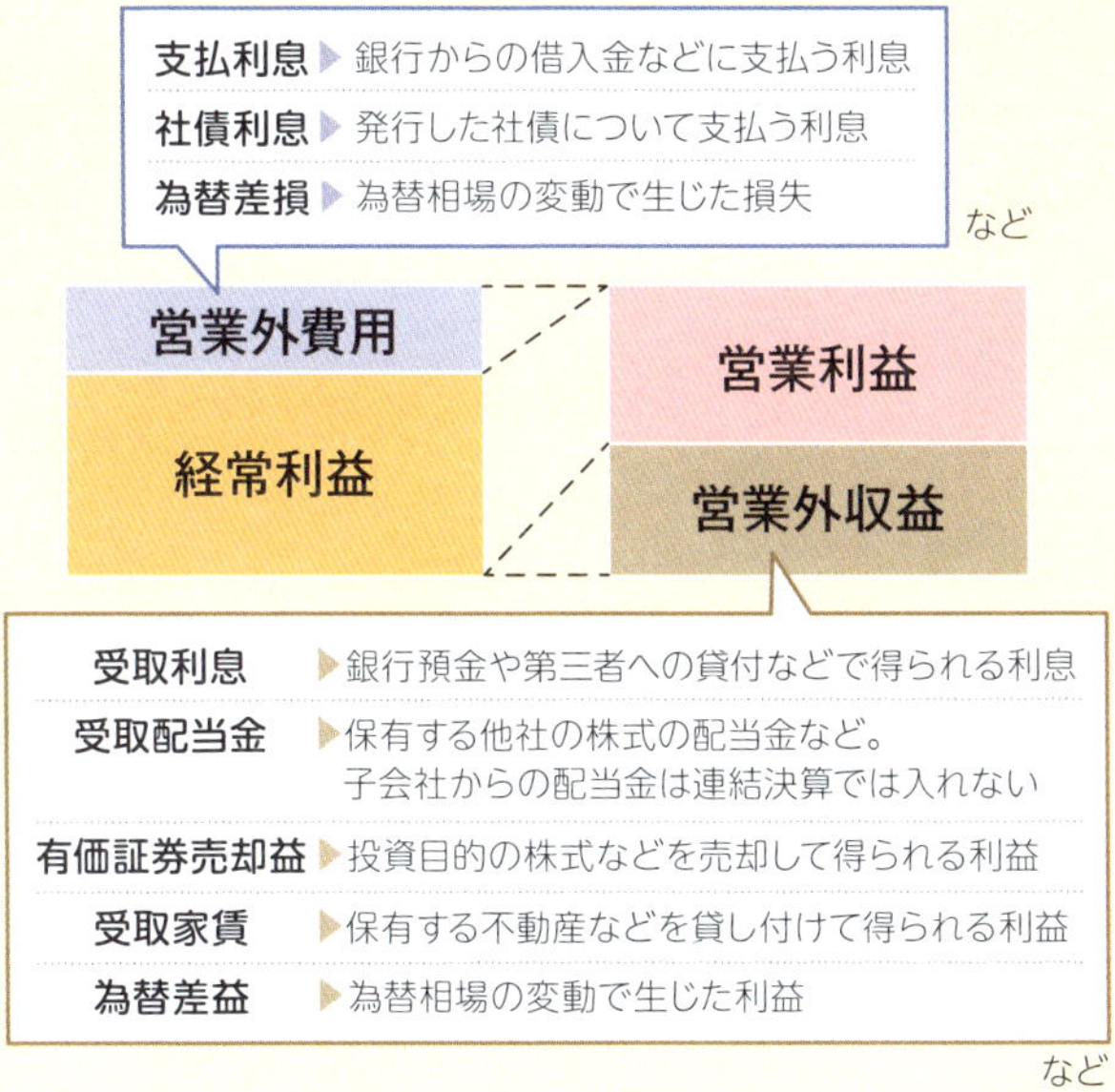

支払利息 ▶ 銀行からの借入金などに支払う利息
社債利息 ▶ 発行した社債について支払う利息
為替差損 ▶ 為替相場の変動で生じた損失
など
営業外費用
経常利益
営業利益
営業外収益
受取利息 ▶ 銀行預金や第三者への貸付などで得られる利息
受取配当金 ▶ 保有する他社の株式の配当金など。子会社からの配当金は連結決算では入れない
有価証券売却益 ▶ 投資目的の株式などを売却して得られる利益
受取家賃 ▶ 保有する不動産などを貸し付けて得られる利益
為替差益 ▶ 為替相場の変動で生じた利益
など

経常利益率と営業利益率はともに会社の収益性をはかる重要指標。会社の経営成績を見るには**2つを比較してみる**ことも必要です。経営が順調なら通常どちらもプラスですが、どちらもマイナスなら注意が必要。儲けを出せていません。また営業利益率はプラスなのに経常利益率がマイナスの場合は、本業は上手くいっていても**借入金の利息返済の負担が大きい**などの理由で利益が食い潰されています。逆に営業利益率はマイナスで、経常利益率はプラスの場合は、本業が不振な分を**資産運用などで得た利益でカバー**しているなどが考えられます。

Point 2

経常利益が営業利益よりも増えるか減るかは営業外損益次第

経常利益率が営業利益率を上回るヤクルトのケース

ヒット商品「ヤクルト1000」をはじめ国内外での販売が好調で好業績をあげているヤクルト本社。売上高は5,000億円を超え、売上総利益率は60%と高い数値をマーク。そこから販管費を差し引いた残りの営業利益率は12.6%。さらに営業外損益で約160億円の収益を上積みさせ、経常利益率は15.8%と営業利益率を上回っています。飲料・食品メーカーとしてはかなり優秀な数値で、同社の儲けるチカラの高さがうかがえます。

●ヤクルトの営業利益率と経常利益率

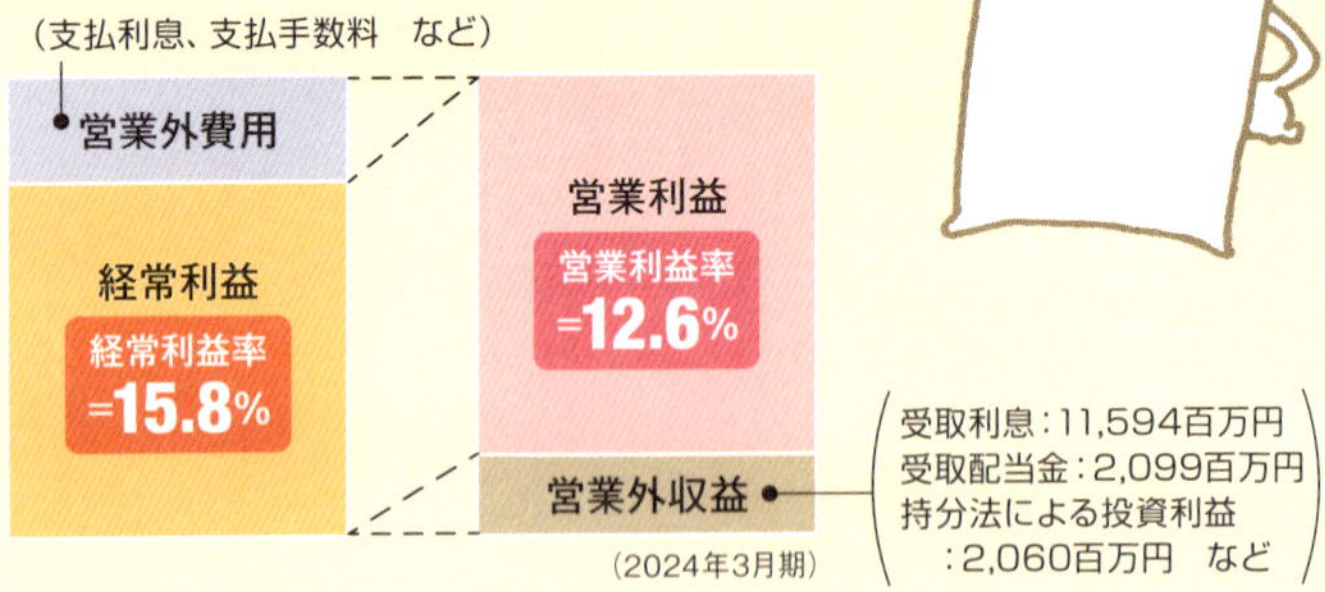

では実際の損益計算書をもとに、営業利益と経常利益がどうなっているかを見ていきます。まず上図に示した**㈱ヤクルト本社**の場合、営業利益率は12・6%と2ケタにのせる優秀な数字ですが、**経常利益率はこれをさらに上回る15・8%**となっています。これは営業外収益で180億円以上も稼ぎ出したのに対し、営業外費用はわずか25億円程度だったためです。

同社の営業外収益の中身は受取利息や受取配当金、持分法による投資利益※など。**本業以外の財務活動で多くの収益を得た**結果、高い経常利益率を達成しています。

※関連会社があげた利益のうち自社に帰属する額。

保有資産が大きな利益を生む任天堂、投資活動が活発なコーエーテクモ

●コーエーテクモの売上高と営業外損益

売上高	84,584		
営業外収益		営業外費用	
受取利息	14,592	投資有価証券売却損	8,962
受取配当金	725	有価証券償還損	6,342
投資有価証券売却益	9,885	デリバティブ評価損	1,042
為替差益	736	合計（その他等含む）	18,479
有価証券償還益	655		
デリバティブ評価益	8,908		
合計（その他等含む）	35,726		

（2024年3月期　単位：百万円）

●任天堂の売上高と営業外損益

売上高	1,671,865		
営業外収益		営業外費用	
受取利息	51,412	支払利息	166
持分法による投資利益	30,099	有価証券売却損	154
為替差益	61,589	投資有価証券売却損	131
合計（その他等含む）	152,051	合計（その他等含む）	496

（2024年3月期　単位：百万円）

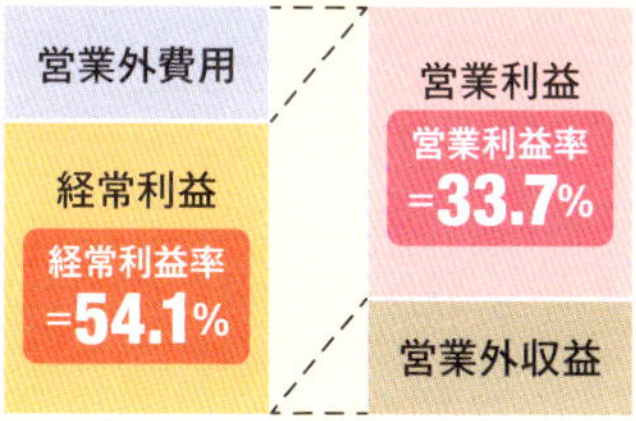

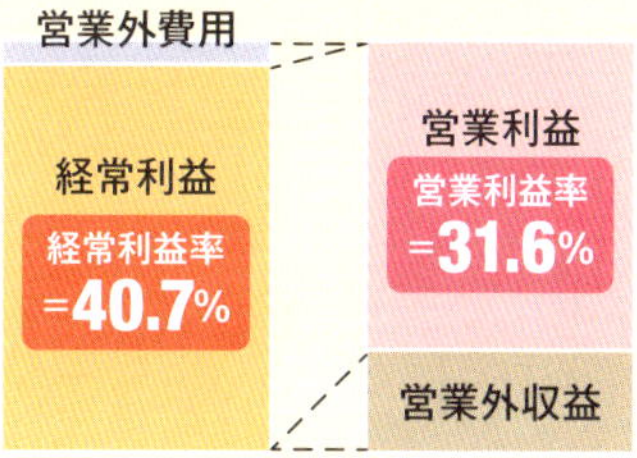

任天堂㈱は多くの資産を保有し、預金などで多額の利息を受け取っていますが、近年はそのうち海外分の金利上昇などがあり、**受取利息だけで500億円超**を計上しています。また資産のうちドルやユーロ建ての預金等は、昨今の円安を受けて円に換算した際の評価益※が膨らみ、**600億円超の為替差益**を生んでいます。これら営業外収益の上積みにより営業利益を上回る経常利益になっています。

また上図の左側は**㈱コーエーテクモホールディングス**で、同社は本業以外の**投資（財務）活動を活発に行っている**様子が見てとれます。

※資産の時価が、もともとの価値（簿価）を上回っているときの差益。

Financial Statement 15

会社の最終的な利益を読み取る

当期純利益率

もっと利益を出したいけど人件費や地代など固定費がかさむなあ…
ビックカメラ
当期純利益
ビックカメラ
WORKMAN
当期純利益
ワークマン
FC展開だから原価率は高いけど販管費を抑えて利益を確保！

Point 1

当期純利益率は1年間の総合的な収益力を示す

特別な理由で発生した収益と費用を含め、1年間の全収益から全費用を差し引いた残りが当期純利益※。売上高に対するこの利益の割合から会社のトータルで儲けるチカラがわかります。

※マイナスなら当期純損失。

UNITIKA
当期純損失
ユニチカ
SHARP
シャープ
当期純損失
大きな特別損失が出て
赤字決算になった！
オービック
当期純利益
自社生産・直販体制で
高収益を生み出す
ビジネスモデル！
期末GOAL
オービック

Point 2

当期純利益の成績は株主への配当に影響する

当期純利益の一部は株主への配当の原資となるため、利益の額が大きいほど配当が高くなる可能性があります。

Point 1

当期純利益率は1年間の総合的な収益力を示す

当期純利益は全収益から、全費用を差し引いた残り

当期純利益率はその年度（1年間）にあげた売上高に対する最終的な利益の割合を示す指標です。当然、**数値が高いほど総合的な収益力が高い**とみなされます。ただ、当期に発生した予期せぬ一時的な利益と損失を加味するので、特別な理由により**経常利益から大幅に増減する**場合もあります。

- **経常利益**：会社が通常の経常的に行う活動で得た利益
- ＋**特別利益**：予期せずに一時的に発生した特別な収益
- －**特別損失**：予期せずに一時的に発生した特別な費用
- **税引前利益**：税金を差し引く前の純利益
- －**法人税等**：事業税など税金の支払い
- **当期純利益**：会社が1年間の経済活動で最終的に得た利益

$$\frac{\text{当期純利益}}{\text{売上高}} \times 100 = \text{当期純利益率（\%）}$$

当期純利益率とは

売上高に対する当期純利益の割合。会社が1年間のすべての事業活動で稼ぐチカラを示す指標

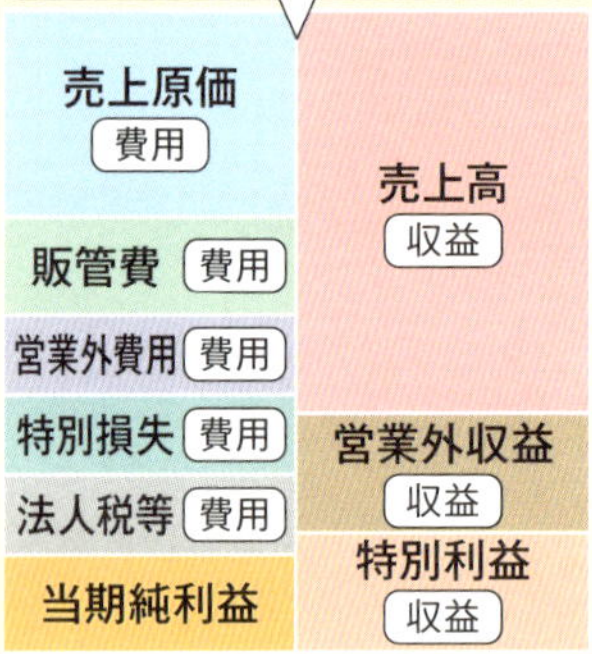

特別な理由により、当期限り発生した収益が**特別利益**。同様に発生した費用が**特別損失**です。経常利益に特別利益をプラスし、特別損失をマイナスしたものが、**税引前当期純利益**[※1]（マイナスなら純損失）。そこから法人税等を差し引いたのが**当期純利益**（マイナスなら当期純損失）で、これが1年間の経済活動により最終的に会社に残った利益。要するに**会社があげたすべての収益から、すべての費用を差し引いた残り**です。したがって売上高に対する当期純利益[※2]の割合である**当期純利益率**は会社全体の収益力をはかる重要な指標となります。

※1　連結決算の場合は税金等調整前当期純利益（マイナスなら純損失）という。

Point 2

当期純利益の成績は株主への配当に影響する

オービックは当期純利益率50%超の高収益企業

通常は会社のシステム構築には顧客ごとの個別対応が必要ですが、オービックは業種ごとのＩＴシステムのパッケージ化を可能にしました（一部オーダーメイド対応）。商品・サービスを自社で開発・生産・直販することで高い収益性を実現。純利益率は52%という驚くべき数字です。

●オービックの損益計算書

売上高	111,590	
売上総利益	86,428	アラリ率77.5%
営業利益	70,910	営業利益率63.5%
経常利益	81,151	経常利益率の時点で70%超の高い収益性
特別利益	—	特別利益・特別損失はほとんどなし
特別損失	72	
税金等調整前当期純利益	81,078	
法人税等	23,070	
当期純利益	58,007	当期純利益率 52.0%

（2024年3月期、単位：百万円）

特別利益：固定資産売却益、投資有価証券売却益など

特別損失：固定資産除却損※1、投資有価証券売却損、災害損失、減損損失※2など

※1　機械など不要になった固定資産の廃棄で発生した損失。

※2　以前投資した資産の価値を下げた分を損失として計上したもの。

当期純利益は、**株主に渡す配当金にも影響**します。純利益からどれだけ配当に回すかは企業が決めますが、利益の額が多ければ配当へ回す原資も多くなると考えられます。

実際の企業の当期純利益率を見てみましょう。まずは情報システムサービスの**㈱オービック**。独自のビジネスモデルで高い利益率をあげる高収益企業です。上表のとおり特別利益、特別損失はほとんど発生せず、経常利益から法人税等を差し引いても**当期純利益率は50%と高い数値**。また同社の配当金の総額は売上高に対して大きな額です。

※2　計算に用いるのは親会社株主に帰属する当期純利益。

FCシステムのワークマンは販管費の抑制で高利益を確保

下表のとおり２社は営業利益率の段階で大きな差がついています。販管費、とくに人件費、地代家賃を抑えられているのはワークマンのほう。ＦＣ展開のビジネスモデルのため各店舗の人件費はＦＣオーナー側の負担で本部はスタッフの人件費のみ。また本部負担の地代家賃は賃料の高い都市部を避けてロードサイドに出店することで低コスト化しています。

インバウンドの売上が回復。スクラップ&ビルドの店舗戦略で成長目指す

●ビックカメラの損益計算書

売上高	815,560
売上総利益	217,873
営業利益	14,215
経常利益	16,566
特別利益	393
特別損失	6,887
税金等調整前当期純利益	10,072
法人税等	5,102
当期純利益	2,936

アラリ率 26.7%

営業利益率 1.7%

経常利益率 2.0%

当期純利益率 0.4%

(2023年8月期、単位：百万円)

全店売上高では9割以上をFC店が占める

●ワークマンの損益計算書

営業総収入	132,651
営業総利益	47,230
営業利益	23,142
経常利益	23,666
特別利益	1
特別損失	31
税金等調整前当期純利益	23,636
法人税等	7,650
当期純利益	15,986

アラリ率 35.6%

営業利益率 17.4%

経常利益率 17.8%

当期純利益率 12.0%

(2024年3月期、単位：百万円)

作業服などの専門店をフランチャイズ（ＦＣ）展開する㈱**ワークマン**と、家電量販大手の㈱**ビックカメラ**。同じ小売業でも業態の異なる2社の純利益率を比較します。ワークマンの売上はＦＣ加盟店からのロイヤリティと加盟店に卸す商品の売上。原価率が高くアラリ率は約35％ですが**販管費を抑えることで**経常利益率は18％弱を確保。**当期純利益率も12％**としっかり儲けを残しています。一方のビックカメラはアラリ率こそ約27％ですが、人件費や地代家賃などの販管費がかさみ、営業利益率で2％切り、**当期純利益率では1％を切る**数値です。

最終赤字となった2社の損益計算書を見る

近年、業績不振が続くシャープは、前期比で減収のうえ、売上原価、販管費がかさみ200億円の営業損失が発生。さらにディスプレイデバイス関連の減損損失約1,200億円や事業構造改革費用などで合計1,450億円の特別損失を計上。前期に続いて大幅な最終赤字となりました。またユニチカも16%のアラリ率をあげながら、コスト高や競争力の減退で約25億円の営業損失を出し、最終的に約54億円の純損失となりました。

売上はポリマーなど高分子事業が4割強、衣料繊維事業が3割弱

●ユニチカの損益計算書

売上高	118,341
売上総利益	18,882
営業損失	△ 2,475
経常損失	△ 1,014
特別利益	11
特別損失	4,558
税金等調整前当期純損失	△ 5,560
法人税等	175
当期純損失	△ 5,443

アラリ率 16.0%（売上総利益）
赤字（営業損失・経常損失・当期純損失）

（2024年3月期、単位：百万円、△はマイナス）

主力の1つディスプレイデバイス事業は減収減益。前期に続き1,000億円超の最終赤字

●シャープの損益計算書

売上高	2,321,921
売上総利益	347,888
営業損失	△ 20,343
経常損失	△ 7,084
特別利益	14,934
特別損失	145,431
税金等調整前当期純損失	△ 137,563
法人税等	12,522
当期純損失	△ 149,980

アラリ率 15.0%（売上総利益）
赤字（営業損失・経常損失・当期純損失）

（2024年3月期、単位：百万円、△はマイナス）

最終的な損益がマイナス、つまり**当期純損失**を出して最終赤字となるケースもあります。

例えば約1500億円の赤字を出した**シャープ㈱**。近年の業績は厳しく、本業の赤字幅は改善したものの、事業構造の改革費用など**1400億円以上の特別損失**を計上しました。

また**ユニチカ㈱**は、売上総利益こそ黒字でしたが、原料価格高や円安進行、在庫過多などによるコスト上昇をカバーできなかった上、海外市場での競争激化で**収益性が悪化**した結果、営業赤字に転落しています。

Financial Statement 16

会社の資産を有効に使っているかを読み取る

総資産回転率

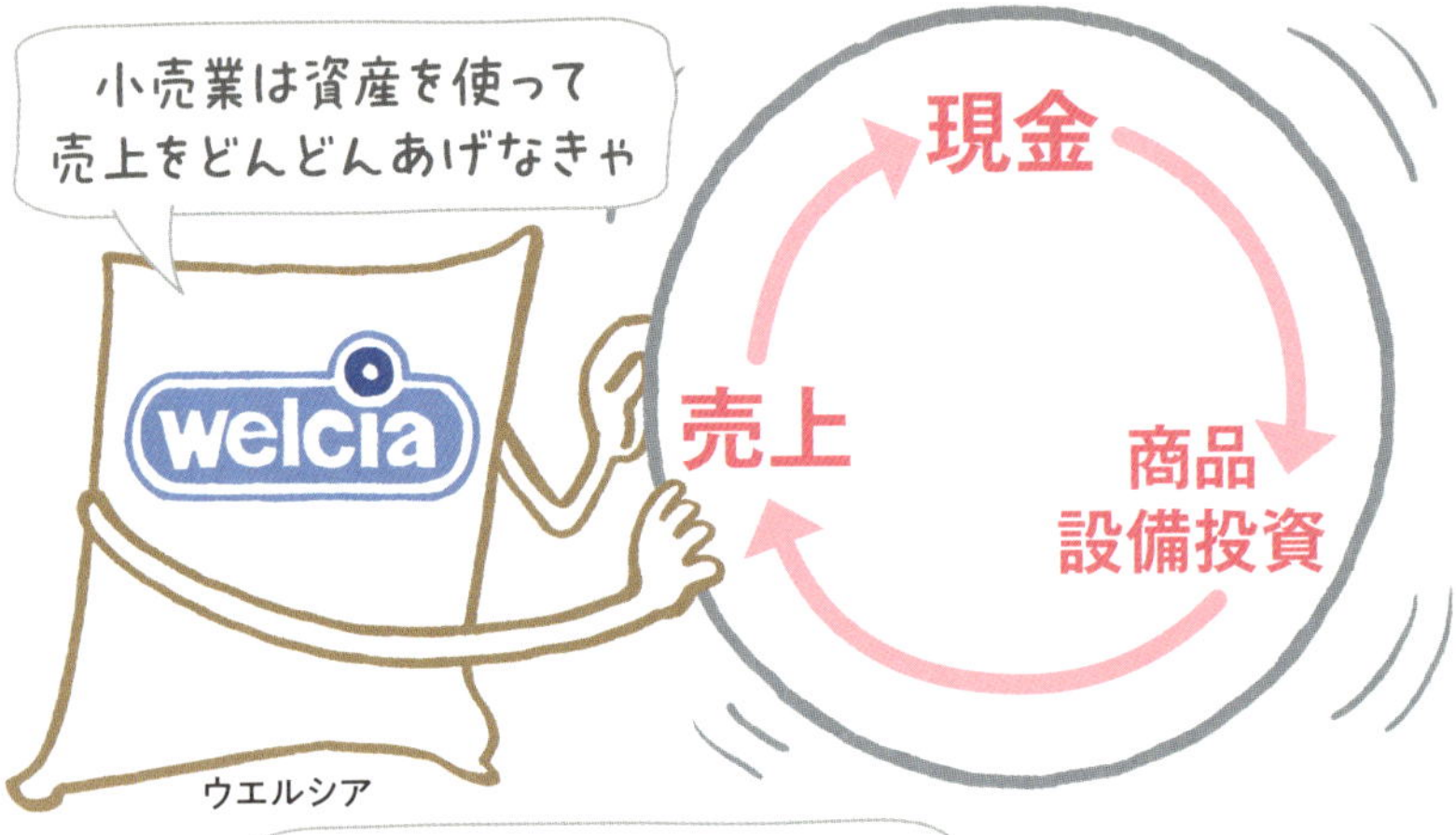

小売業は資産を使って売上をどんどんあげなきゃ
welcia
現金
商品
設備投資
売上
ウエルシア

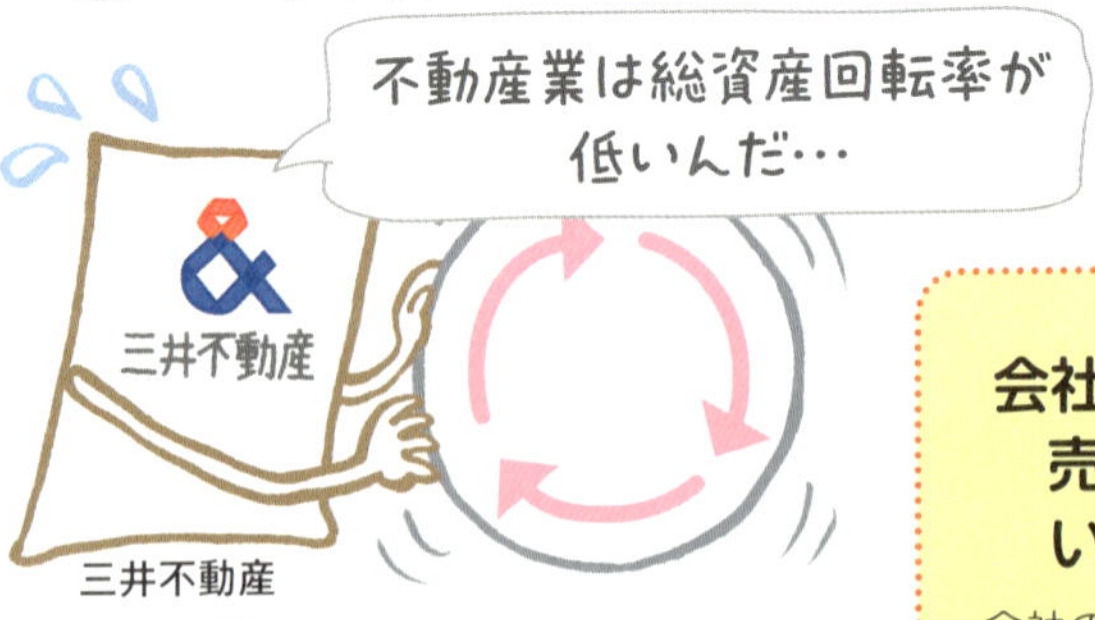

不動産業は総資産回転率が低いんだ…
三井不動産
三井不動産

Point 1

会社の資産が効率良く売上に結びついているかを見る指標

会社の総資産が１年間で売上として何回転したか。資産を効率良く使えているかを見る指標が総資産回転率です。

RICOH
賃貸業の回転率も低いよ
リコーリース

Point 2

回転率は業種や規模、ビジネスモデルの違いでも変わる

小売業や卸売業の総資産回転率は高い傾向があります。逆に回転率が低いのは不動産業や賃貸業などです。

Point 1

会社の資産が効率良く売上に結びついているかを見る指標

総資産回転率の計算式は売上高÷総資産

総資産回転率は、売上高を総資産（＝総資本）で割って計算します。そのため２つの決算書を使います。**売上高は損益計算書**に示されている数字、**総資産額は貸借対照表**の資産の部に流動資産と固定資産の合計で示されています。

例えば会社の元手（資産）100万円で売上100万円をあげたなら、総資産回転率は**100万円÷100万円＝1回**です。同様に売上が50万円なら回転率は0.5回、売上150万円なら回転率は1.5回となります。

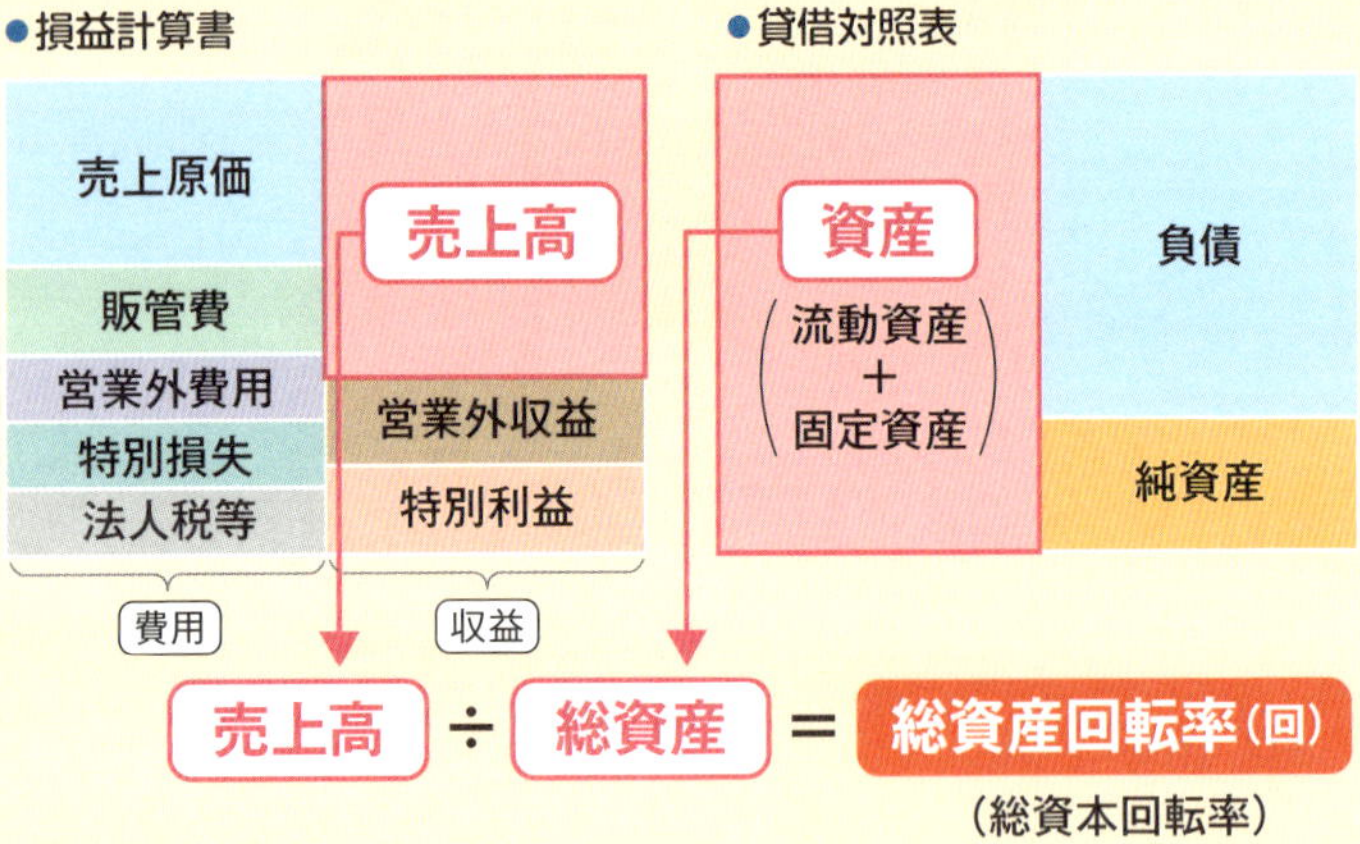

次に会社の**効率性**をはかる指標を取り上げます。まず**総資産回転率**※は会社が事業を行う元手である**総資産が1年間で売上の形で何回転したか**、資産が使われて（働いて）売上になる早さを示す指標です。**資産が効率的に使われて収益に結びついているか**を見ます。

総資産は貸借対照表で流動資産と固定資産の合計で示されており、**この額で、損益計算書に示されている売上高を除した数値が総資産回転率**。単位は「回」です。**1回を上回るか下回るか**を見て、数値が高いほど資産を効率良く売上に結びつけていると考えられます。

※総資本回転率ともいう。

Point 2

回転率は業種や規模、ビジネスモデルの違いでも変わる

回転率が低くなる要因には何があるか

もし回転率が目安の1回を割り込んでいても、経営には問題のないケースもあります。というのも、例えば低価格の商品を多く仕入れて多く売っていれば、資産の回転は早くなるため回転率は自ずと高くなります。逆に高額の商品を時間をかけて売るのであれば、資産の回転は遅いため回転率は低くなります。このように経営状態ではなく業態やビジネスモデルの特性によるほか、業種や会社の規模などでも回転率は大きく変わります。

●回転率が低い場合と高い場合

1回未満 低い	1回 目安	1回超 高い
数値が低いほど資産が売上に結びついていない	標準の数値	数値が高いほど資産が売上に結びついている
要因は①売上不振、②不良資産が多いなど。改善策が必要		要因は①売上好調、②不良資産が少ないなど

ただし数値の高低が単純に経営の良し悪しに結びつくわけでもないので注意

〈例1〉多く仕入れて安く大量に売る業態のため回転率が高いケース　など

〈例2〉高単価のものをじっくり売っているので回転率が低いケース　など

回転率は
業種で異なる！
次ページ参照

中小企業実態基本調査※（令和5年）によると中小全産業の総資産（資本）回転率の平均値は「1回」となっています。この数値は売上高を資産の総額で除したものなので、**もし数値が低い場合**は、その原因として**売上の不振**や、滞留在庫・遊休資産などの**不良資産が多い**ことが考えられます。

その場合の改善策としては、積極的な販売など収益モデルの見直しや、売上に結びつかない不良資産の処分など資産運用の検討が求められます。

ただ、回転率の高低は**業種やビジネスモデル**によっても差があるので注意が必要です。

※中小企業庁により毎年行われる調査。

小売や卸の回転率は高く、不動産やリースの回転率は低い

総資産回転率の目安は１回ですが、業種や業態などでもかなり差があります。回転率が高いのは小売業や卸売業。販売用に仕入れた商品は在庫のままなら資産扱いですが、どんどん販売して売上にしていくほど回転率は高くなります。

逆に回転率が１回以下と低いのは不動産業。高額な資産を保有しつつ一定の時間をかけながら販売し売上にするので回転率はどうしても低くならざるを得ません。またリースやレンタルなどの賃貸業も、賃貸用に保有する資産は高額なものが多く総資産額は大きくなるため、平均的な回転率の低い業種の１つです。

● 異業種３社の回転率の比較

	ウエルシア	三井不動産	リコーリース
業種	小売業	不動産業	リース業
売上高	1,217,339百万円	2,383,289百万円	308,335百万円
総資産額	551,860百万円	9,489,527百万円	1,247,276百万円
総資産回転率	2.21回 高	0.25回 低	0.25回 低
	（2024年2月期）	（2024年3月期）	（2024年3月期）

在庫商品は資産扱い。どんどん売って回転率を上げるぞ！
高額な資産を抱えるからどうしても回転率は低くなるね
リース料や稼働率が高くてもリース用資産が高額だから…
welcia
三井不動産
RICOH

業種別で見ると**小売業や卸売業は総資産回転率が高い**傾向にあります。商品の仕入から販売までを短期間で行い、不良在庫を発生させずに効率良く商品を回転させて売上を伸ばす必要があるからです。

一方、**回転率が低い業種は不動産業やリース業**です。不動産業は多くの不動産を保有するため資産額は大きくならざるを得ませんし、リース業も事業の特性上、多くの在庫（多額の資産）を抱えるため回転率はどうしても低くなります。このように経営状態に関係なく、**業種の特性により回転率に差が出る**ことも知っておきましょう。

業態の異なる小売業3社の回転率を比較する

100円均一ショップは薄利多売のビジネスモデル。低価格商品を扱って利益を確保するには資産の回転率を高める必要があります。キャンドゥの総資産回転率約2.7回とは、わかりやすくいえば100円の資産を効率良く使って270円の売上を上げたということ。またドラッグストア業界も薄利多売のため総資産回転率はおおむね高い傾向にあります。

ホームセンターは売り場の広さと価格の安さ、豊富な品揃えと在庫量が特徴。ジョイフル本田の保有資産は現預金や在庫商品などの流動資産が530億円で、土地建物などの固定資産が1,060億円。売上高を上回る総資産の額です。

●業態の異なる小売業３社の回転率の比較

	キャンドゥ	サンドラッグ	ジョイフル本田
業態	100円均一ショップ	ドラッグストア	ホームセンター
売上高	80,357百万円	751,777百万円	126,894百万円
総資産額	29,851百万円	420,208百万円	159,689百万円
総資産回転率	2.69回 高	1.79回	0.79回 低
	(2024年2月期)	(2024年3月期)	(2024年6月期)

薄利多売の100均で儲けるには総資産回転率が高くないとね
ドラッグストアも総資産回転率は高めだよ
在庫や店舗など資産が多いから回転率は低くなりがちだ
Can Do
薬
サンドラッグ
JOYFUL HONDA

同じ小売業でも業態の違いで総資産回転率は変わります。100円均一ショップの㈱キャンドゥは低価格品を多く仕入れて多く売る、薄利多売のビジネスモデル。回転率は約2・7回と高水準です。同じく商品を低価格で大量販売するドラッグストアの㈱サンドラッグも資産の回転率は約1・8回と高め。一方、ホームセンターの㈱ジョイフル本田の総資産回転率は約0・8回。品揃えと在庫量を確保するため多くの在庫を流動資産として抱えます。また郊外店を展開し土地・建物の固定資産も多いため、資産が売上を上回っています。

有効に使われていない資産を読み取る

資産の有効活用度を見る指標

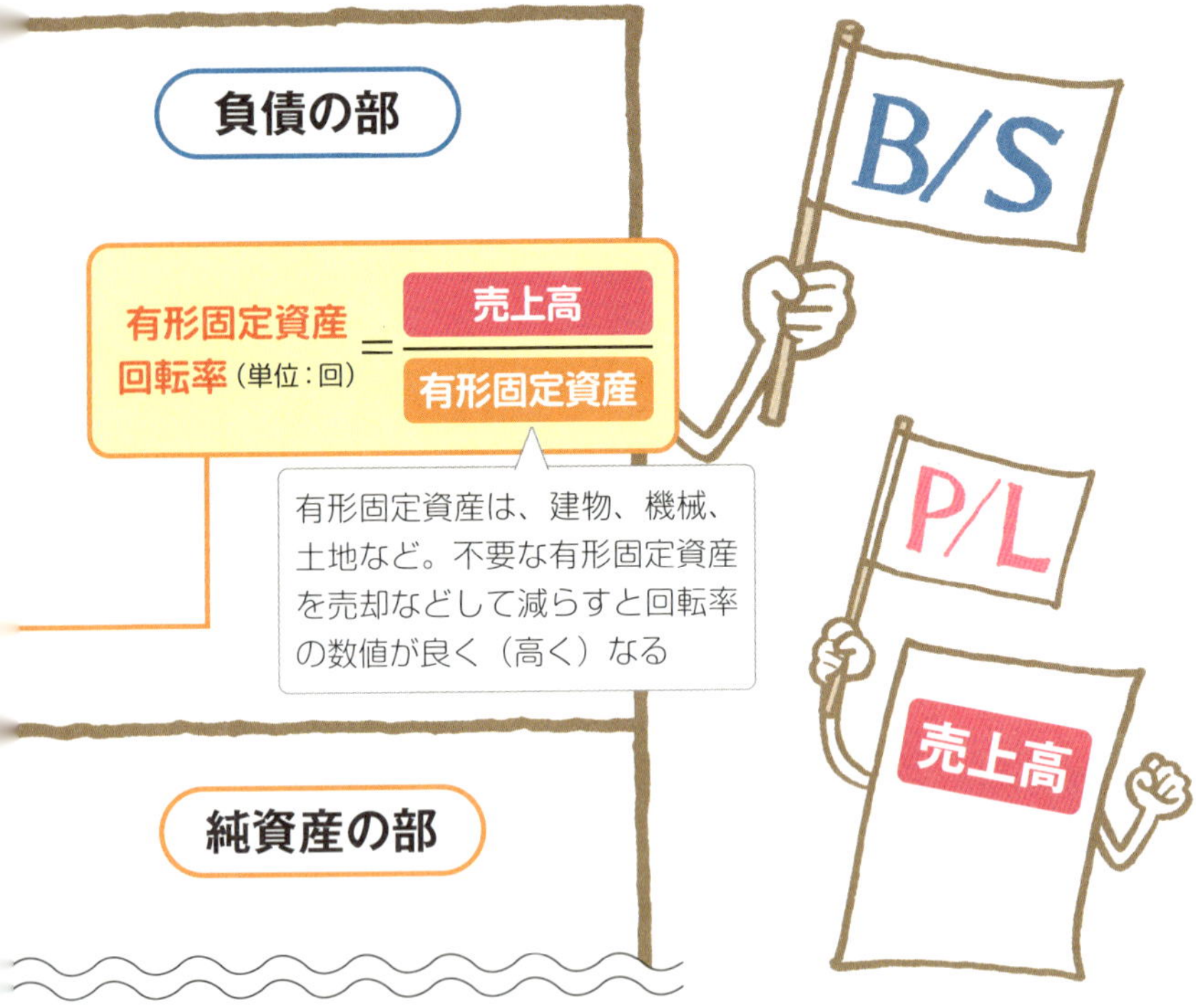

負債の部
有形固定資産回転率（単位：回）＝売上高／有形固定資産
有形固定資産は、建物、機械、土地など。不要な有形固定資産を売却などして減らすと回転率の数値が良く（高く）なる
純資産の部
B/S
P/L
売上高

前項でとりあげた総資産回転率は、**会社の全資産**が売上をあげるのにどのくらい効率良く使われているかを見る指標でしたが、様々な資産ごとに活用度を見る指標もあります。

例えば**有形固定資産回転率**。売上高を有形固定資産の総額で除した数値で何回転（単位は回）したかであらわします。遊休不動産など売上に貢献していない**不要な有形固定資産**を多く抱えていると、この数値が悪く（低く）なります。

売上債権回転率（単位：回）＝ 売上高 ／ 売上債権

売上債権は、受取手形と売掛金。代金回収を進め、滞っている債権などを減らすと回転率の数値は良く（高く）なる

資産の部

流動資産
　現金及び預金
　受取手形
　売掛金
　商品及び製品
　仕掛品
　原材料及び貯蔵品
固定資産
　有形固定資産
　　建物及び構築物
　　機械装置
　　　及び運搬具
　　土地
　無形固定資産
　　ソフトウエア

棚卸資産回転率（単位：回）＝ 売上高 ／ 棚卸資産

棚卸資産は、商品や原材料、商品になる途中の仕掛品などの在庫。在庫管理を徹底してムダな在庫をなくすことで回転率の数値は良く（高く）なる

また**棚卸資産回転率**は、売上高÷棚卸資産の総額で計算します。売上に結びつかない**ムダな在庫が多い**と数値が悪く(低く)なり、在庫管理の見直しが必要です。一般的に在庫は少ないほうが良いと考えられます。

受取手形や売掛金などの売上債権も少ないほど良い資産です。売上高÷売上債権の総額で計算する**売上債権回転率**は、代金回収のサイトが長かったり、**支払いが滞る滞留債権が多い**と低い数値になります。

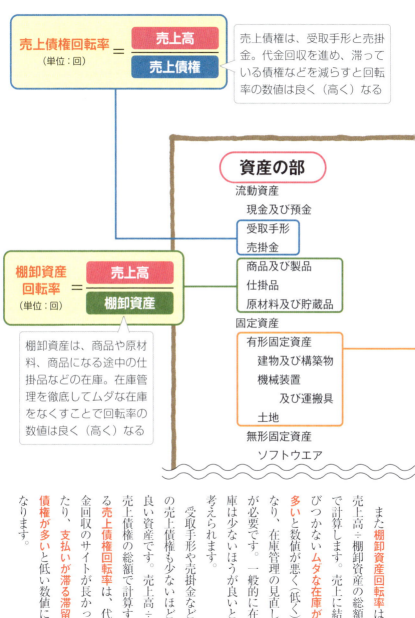

Financial Statement 18

経営状況の良し悪しを読み取る

総資産利益率(ROA)

※ROAはReturn On Assetsの略称。

Point 1

資産を使って上手く利益を生み出しているかを見る指標

総資産利益率（ROA：アール・オー・エー）は会社がすべての資産を使っていかに効率良く利益を生み出しているかを見る指標です。

ROA（総資産利益率）で
経営状況を見よう
B/S
P/L
利益
（当期純利益など）
資産
（総資産＝総資本）
＝
ROA《アールオーエー》

Point 2

ROAは数値の比較だけでなくその要因に着目する

良好な経営状況といえるＲＯＡの目安は５％程度ですが、たんに数値の高低を見るのではなく、その要因（理由）を探る必要があります。

効率良く
儲かった！
CAPCOM
利益

SQUARE ENIX
利益
資産の割に
儲けが
少ないかな

Point 1

資産を使って上手く利益を生み出しているかを見る指標

当期純利益を総資産で除して計算する

総資産利益率＝ＲＯＡは、会社のすべての資産（総資産）に対する当期にあげた利益の割合です。下図の計算式のように利益は一般に**損益計算書**にあらわされる**当期純利益**の額を用います（経常利益などを用いる場合もある）。またすべての資産は**貸借対照表**の**資産合計**の額を用います。

当期純利益の額を資産合計の額で除し、100を乗じた数値がＲＯＡです（単位は％）。貸借対照表（勘定式）では左側が資産、右側が負債と純資産になっています。負債は他人資本、純資産は自己資本で、この２つを合わせて**総資本**となるため、ＲＯＡは**総資本利益率**ともいわれます。

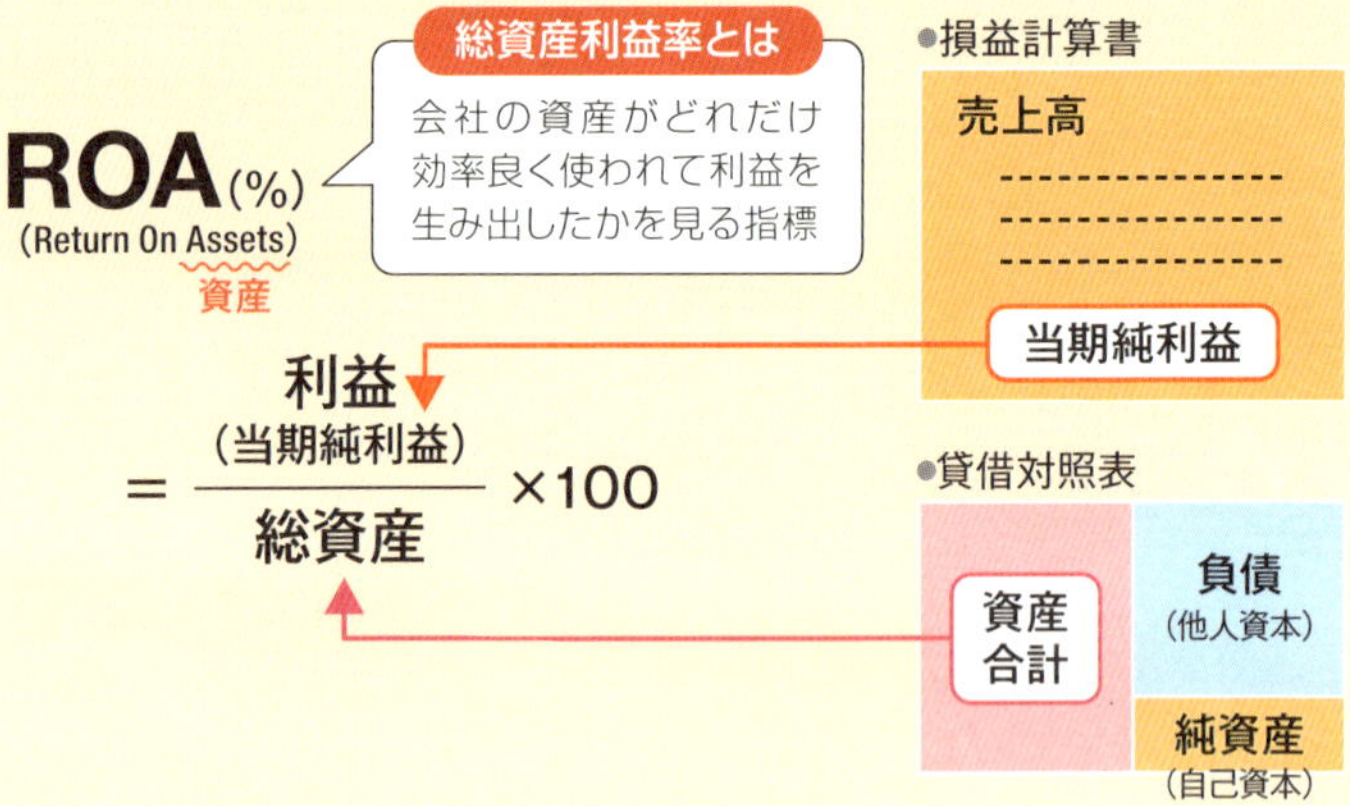

そもそも経営とは、元手となるお金を集めて、それを有効に使って事業を行い、利益をあげるものです。それが効率良くできていれば良い経営状態と考えられ、その判断をする指標の1つが、**総資産利益率**です。ROA（アール・オー・エー）とも呼ばれ**当期純利益を会社のすべての資産の合計で除して計算**します。

一般に数値が高いほど資産を効率良く使って上手に利益をあげている、すなわち経営状態は良好であると考えられます。ROAは**事業規模などに関わらずに経営状態を判断できる**指標として重視されています。

Point 2

ROAは数値の比較だけでなく その要因に着目する

ゲーム業界3社のROAを比べてみよう

ＲＯＡは業種・業界によって平均値にバラつきがあるため、同業他社間での比較に向いている指標です。例えば下図のゲーム業界３社の比較では、セガサミーＨＤ㈱の売上は㈱カプコンの３倍ですが、ＲＯＡで比較するとカプコンのほうがセガサミーの３倍の数値と逆転しており、より良い経営状態であると見てとれます。

なおカプコンのＲＯＡが他の２社と比べてかなり高いのは、利益率が高いためです。売上原価や販管費などのコストを抑えることで高い利益を生み出しています。原価率ではセガサミーの58.0％に対してカプコンは44.5％。販管費率でもセガサミーの29.9％に対してカプコンは18.1％と低い数値に抑えられています。

●ゲーム業界３社のＲＯＡ比較

	カプコン	スクウェア・エニックスHD	セガサミーHD
売上（事業規模）	152,410	356,344	467,896
当期純利益	43,374	14,912	33,055
総資産	243,476	410,876	653,994
ROA	**17.81%**	**3.63%**	**5.05%**

※3社とも2024年3月期。　※金額の単位は百万円。

売上高の多さでは、①セガサミー、②スクウェア・エニックスHD、③カプコンの順

総資産の多さでは、①セガサミー、②スクウェア・エニックス、③カプコンの順

当期純利益率の高さでは、①カプコン28.5%、②セガサミー7.1%、③スクウェア・エニックス4.2%の順

ROAの高さでは、①カプコン、②セガサミー、③スクウェア・エニックスの順

ROAの数値は、国内企業では**5%程度が良好な経営状態**の目安と考えられます。10%超ならかなり優秀。2、3%でも問題ありませんが、1%を切ると注意が必要です。ただROAの目安は**業種・業界によって異なり**ます（次ページ参照）。ROAがマイナスの場合は**債務超過か赤字経営**です。その場合は売上を伸ばしたり、コスト削減により利益率を高めるか、不要な資産の処分などの策を講じる必要があります。

またROAは上図のゲーム業界の例のように、売上など**会社の規模に関わらず同業他社の経営状態を比較**できる指標です。

外食業界3社のROAを比べてみよう

● 外食業界３社のＲＯＡ比較

	リンガーハット	木曽路	壱番屋
売上（事業規模）	38,971	52,984	55,137
当期純利益	752	436	2,686
総資産	28,727	45,974	44,033
ROA	**2.62%**	**0.95%**	**6.10%**

※壱番屋、リンガーハットは2024年2月期。木曽路は2024年3月期。
※金額の単位は百万円。

売上高の多さでは、①壱番屋、②木曽路、③リンガーハットの順

総資産の多さでは、①木曽路、②壱番屋、③リンガーハットの順

当期純利益率の高さでは、①壱番屋4.9%、②リンガーハット1.9%、③木曽路0.8%の順

ROAの高さでは、①壱番屋、②リンガーハット、③木曽路の順

● ＲＯＡは数字に隠された要因（理由）を探る

ROAが高いときの注意点

一般に数値が高いほど経営状態は良いとされるが…

☑借入金など負債の割合が高くないか
➡いまは利益が出ていても将来の多額の返済が懸念される

☑営業利益や経常利益は少ないのに当期純利益が多くなっていないか
➡本業で利益が出ていないのに不動産や株式の売却で特別利益を計上して当期純利益を多くしているケースもある

ROAが低いときの注意点

一般に1%未満など数値が低いほど経営状態は良くないとされるが…

☑借入金など負債の割合が高くないか
➡将来の成長に向けた設備投資資金の調達なら、前向きな借入と考えられる

☑株価や為替の変動により総資産が増加していないか
➡本業に関係のない要因での一時的な資産の増加なら問題は小さい

ＲＯＡは業種・業界ごとの特性により、高いところと低いところがあります。例えば製造業は工場や機械設備など多額の資産を抱えるためＲＯＡは低くなる傾向があります。**外食業も上図の3社比較で見てとれる**ように様々なコスト負担によって利益が抑えられ、ＲＯＡは低くなりがちです。この中では**㈱壱番屋**が高い当期純利益を確保して、同程度の資産を持つ**㈱木曽路**と比べてＲＯＡの数値が高いことがわかります。

またＲＯＡは数値の高低のみで経営状態の良し悪しを判断することはできません。その**要因（理由）を探る**ことが大切です。

ROE(自己資本利益率)ってナニ?

自己資本(≒株主資本)を使って利益をあげた結果を示す指標

ＲＯＡとよく似た経営分析の指標に**ＲＯＥ**（**自己資本利益率**。Return On Equity）があります。ＲＯＡは総資産に対する当期純利益の割合で、総資産の額は他人資本と自己資本の合計額と同じでした（☞P.55）。ＲＯＥは他人資本（負債）は含めずに、株主が出したお金や会社が得た利益などからなる**自己資本**（ほぼ株主資本と同じ。☞P.60）に対する当期純利益の割合を数値化したものです（単位は％）。ＲＯＡもＲＯＥも資産を使って事業を行い、利益をあげた結果を示す指標ですが、**何の資産を使ったか**（ＲＯＡならすべての資産、ＲＯＥなら自己資本≒株主資本のみ）が異なります。

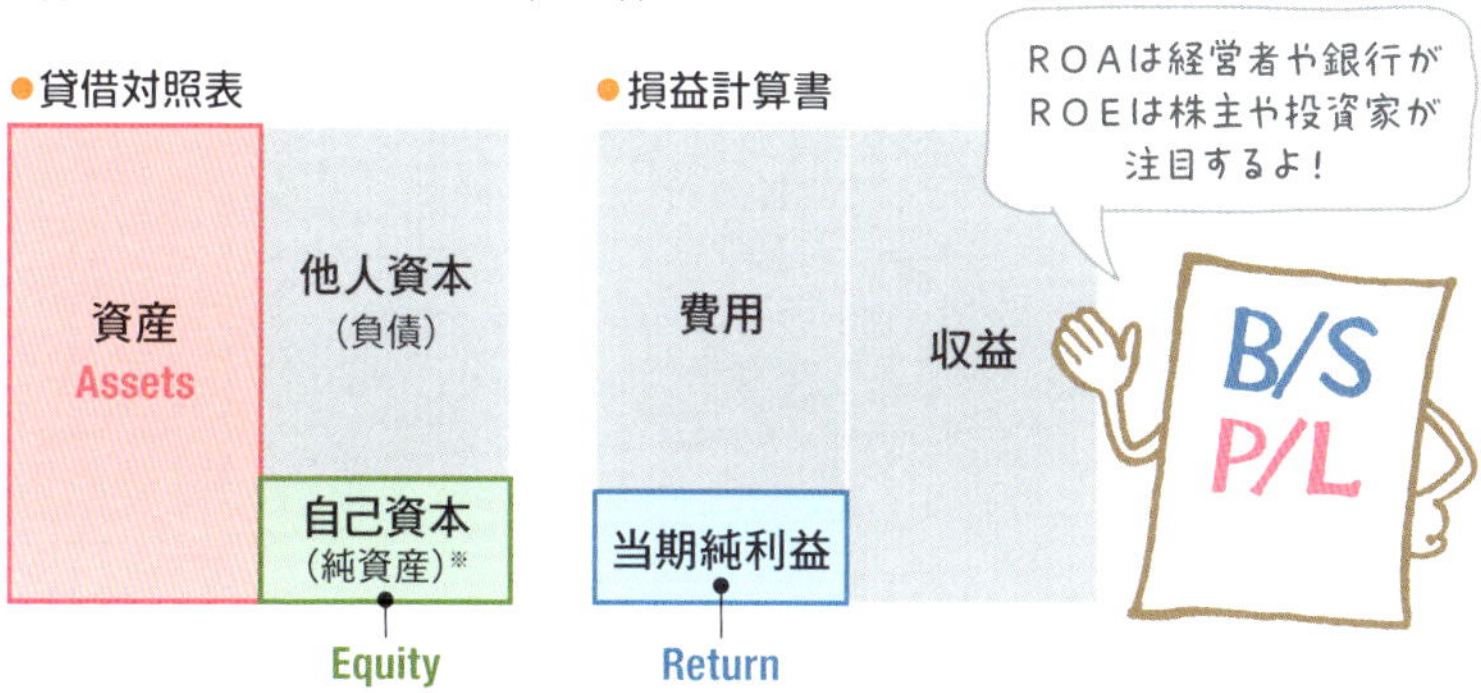

※純資産から新株予約権と非支配株主持分（連結決算の場合）を除いた分が自己資本となる（☞P.60）。

ROAとROEは2つ合わせてチェックする

ＲＯＡとＲＯＥは**関係性が深いので2つ合わせてチェックする**ようにします。その際はＲＯＥが自己資本だけであるのに対して、**ＲＯＡは借金**（負債＝他人資本）**も含む**点に注意します。
例えばＲＯＥの数値は高いのにＲＯＡが低い場合は、自己資本を使って効率良く利益をあげられているものの、財政的には**多額の負債を抱えている**ケースがあります。負債には設備投資など将来の会社の成長につながる**良い負債**もあれば、資金繰りが苦しいなど財政的に良くない**悪い負債**があるので見きわめが必要です。

ROA
▼
当期純利益
――――――
総資産

ROE
▼
当期純利益
――――――
自己資本

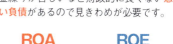

Financial Statement 19

短期間の支払能力を読み取る

流動比率、当座比率

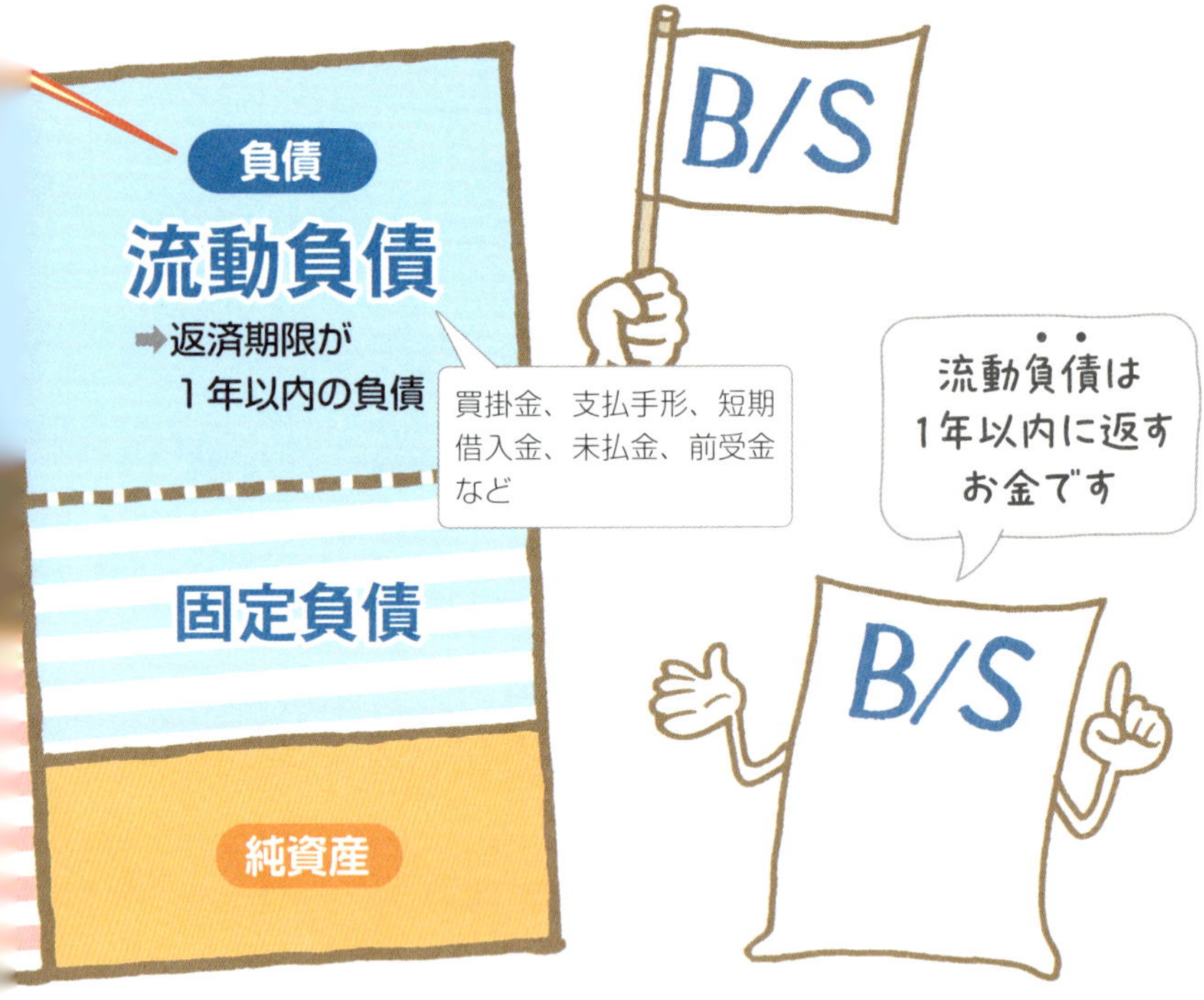

取引をしても安心か、融資をしても大丈夫かなど、**会社の安全性**をはかるチェックポイントが、**支払能力**。取引代金や借入れの返済金をきちんと支払える能力です。

支払能力の中で、今期や来期など短い期間での支払いに困らないか、**短期間の支払能力**を見る指標が、**流動比率**です。1年以内に返済期限が来る**流動負債**の額を、同じく1年以内に現金化が可能な**流動資産**の額でまかなえるなら、支払能力に問題はなく安心だという考

短期間の支払能力を見る指標

$$\text{流動比率}(\%) = \frac{\text{流動資産}}{\text{流動負債}} \times 100$$

もっとシビアに短期間の支払能力を見る指標

$$\text{当座比率}(\%) = \frac{\text{当座資産}}{\text{流動負債}} \times 100$$

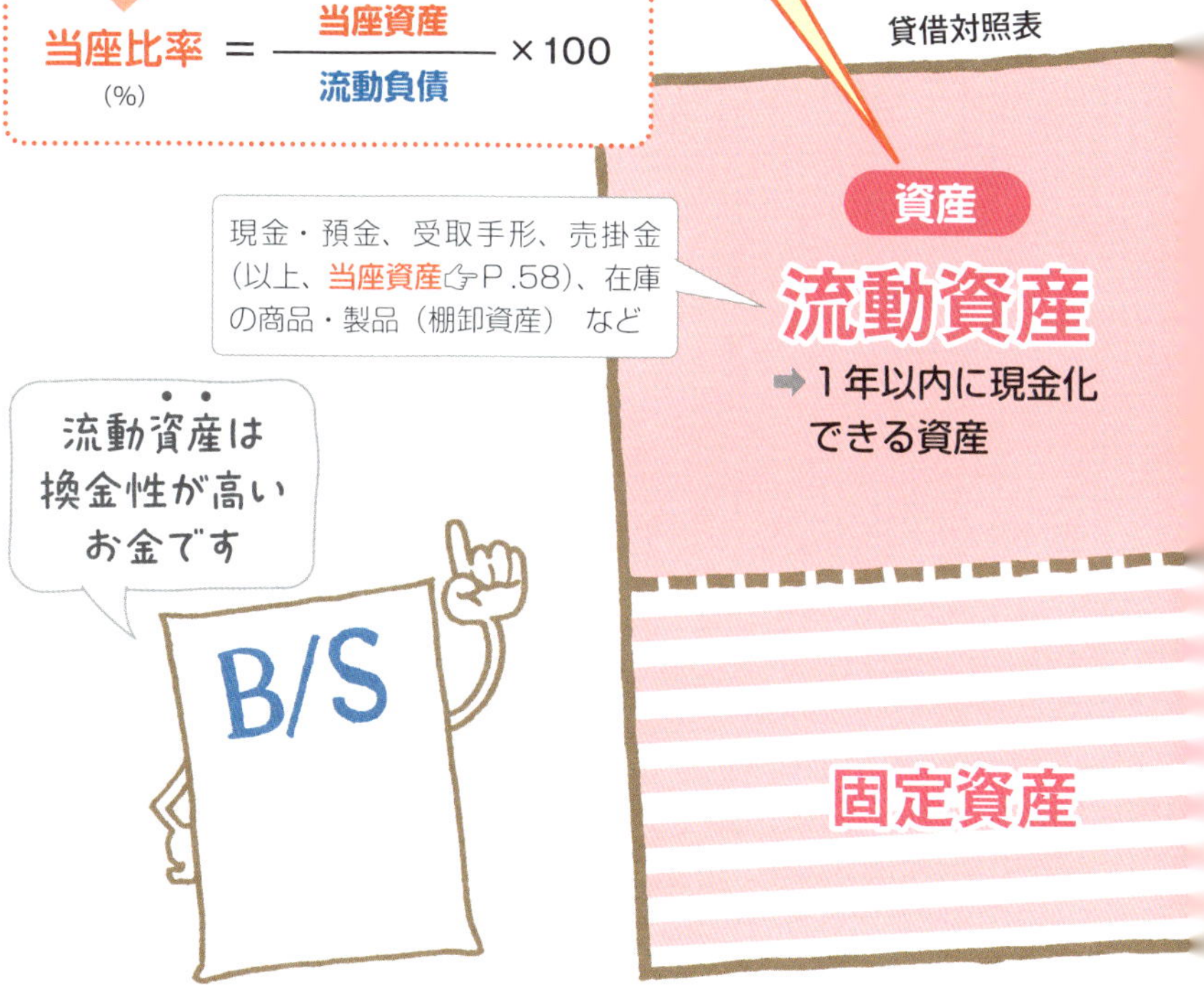

え方に基づく指標です。**流動資産の額を、流動負債の額で除して**計算します（単位は％）。

流動比率の数値は高いほどよく、一般的に**100％を超えて120～150％**くらいあれば安心。ただ数値が高すぎるのも、資金が使われずムダに遊んでいることになり良くありません。一方100％を下回ると支払能力に不安があります。

さらに短期の支払能力をもっとシビアに見るには、**当座比率**という指標も使われます。

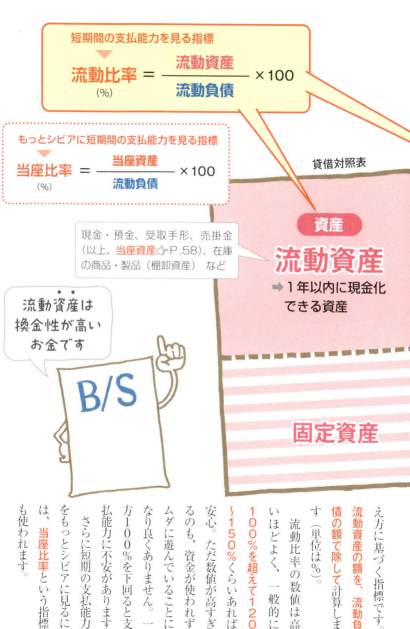

Financial Statement 20

長期間の支払能力を読み取る

固定比率、固定長期適合率

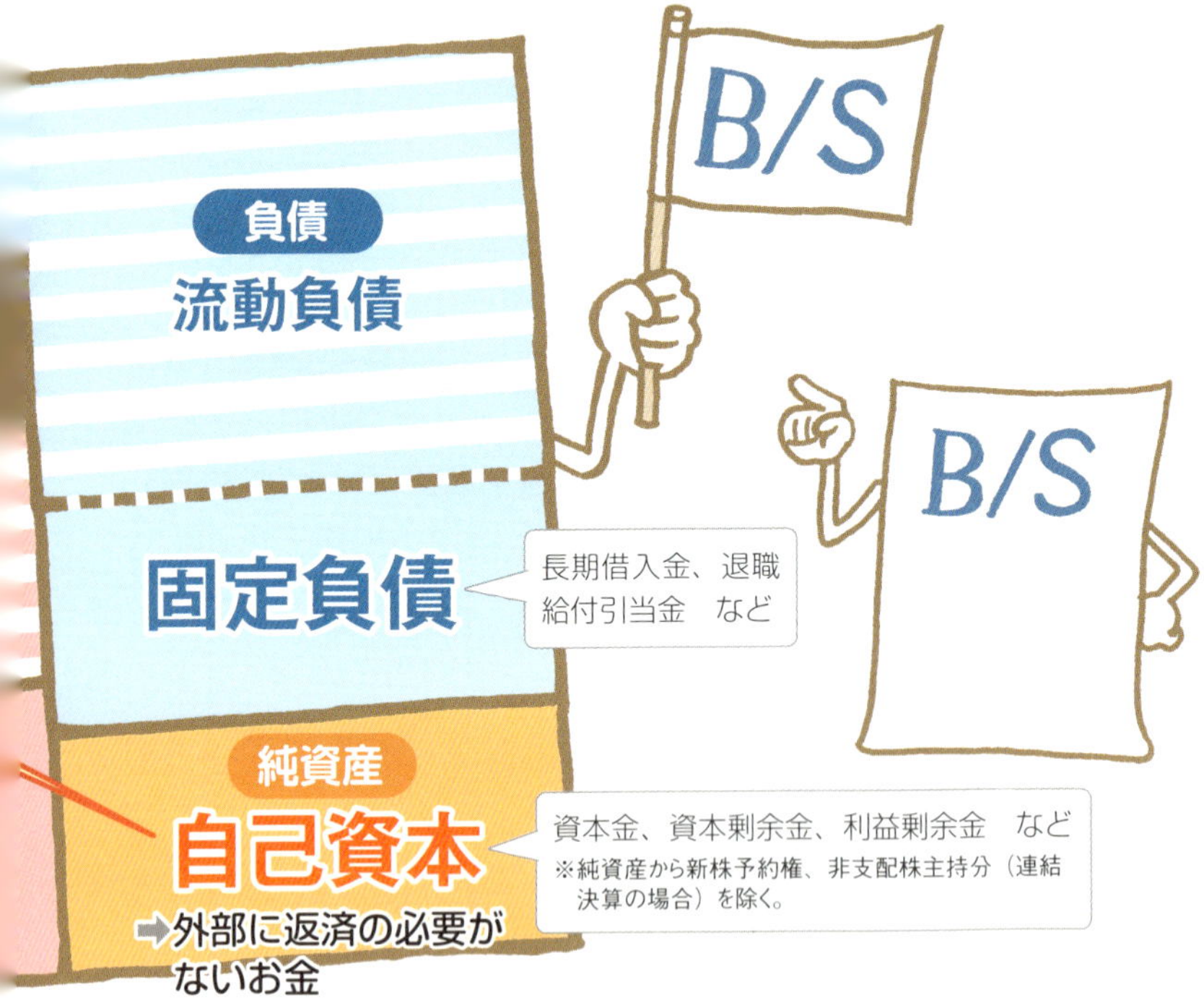

会社の安全性を見る指標には**長期間の支払能力**を見るものもあります。その1つが**固定比率**。貸借対照表の資産のうち**固定資産**に着目し、これを純資産の**自己資本で除した**比率です（単位は%）。会社が長く保有する土地や建物、機械などの固定資産の購入を、外部からの借金に頼らず自己資本だけでどれだけまかなっているかを示す指標です。**100%以下**なら固定資産の購入を外部からの借金に頼り過ぎずにまかなえています。

固定資産が安定した資金でまかなえているかを見る指標

$$\text{固定長期適合率(\%)} = \frac{\text{固定資産}}{\text{自己資本} + \text{固定負債}} \times 100$$

固定比率が100%超なら
コッチの指標も見よう

長期間の支払能力を見る指標

$$\text{固定比率(\%)} = \frac{\text{固定資産}}{\text{自己資本}} \times 100$$

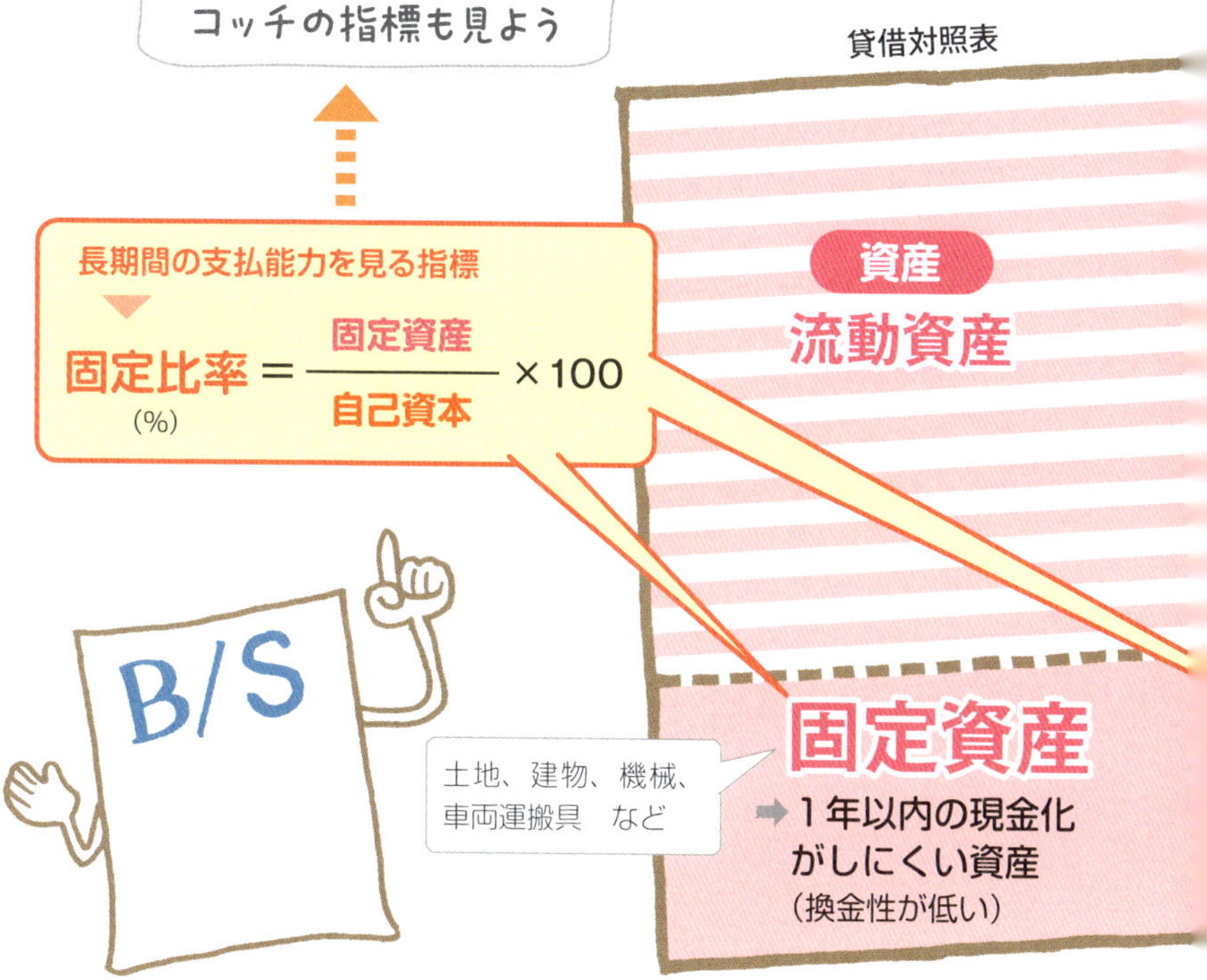

もし、固定比率が100%超だったときは、もう1つの指標、**固定長期適合率**も参考にします。これは固定資産を、自己資本に**固定負債**を足した額で除した比率です。固定資産をまかなうお金に**長期的に安定した負債である固定負債**を加えても良いという考え方に基づく指標です。これが**100%以下**ならひとまず安心。逆に100%超なら固定資産をまかなうのに短期借入金など返済期限の短い借金に頼っていることになり危険です。

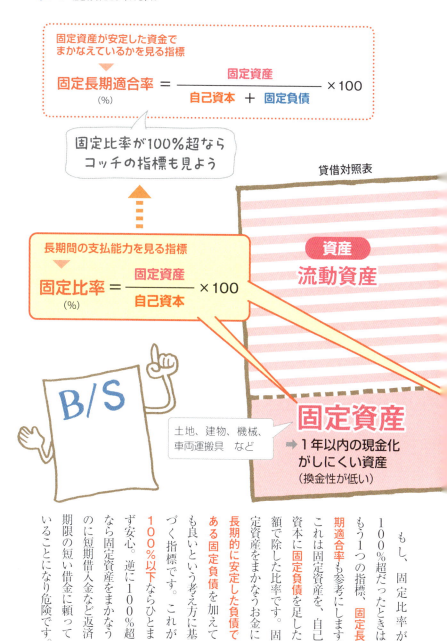

Financial Statement 21

財務状況の安全性、健全性を読み取る

自己資本比率

自己資本の割合が大きいから
倒産の心配は低いね！
他人
資本
返済しないと
ならないお金
任天堂
ドトール・
日レス
HD
自己
資本
返済
しなくて
いいお金

Point 1

返済の必要がない自己資本の割合を示す自己資本比率

会社の資本（資産）には自己資本と他人資本があります。将来、外部に返さなくていいお金が自己資本。この割合が大きいほど財務基盤は安定しています。

Point 2

10%以下など比率が低い場合は財務状況に注意

借金など将来、外部に返さなくてはならないお金が他人資本。他人資本が多いほど自己資本の割合は小さくなり、あまり数値が低いと財務的なリスクにつながります。

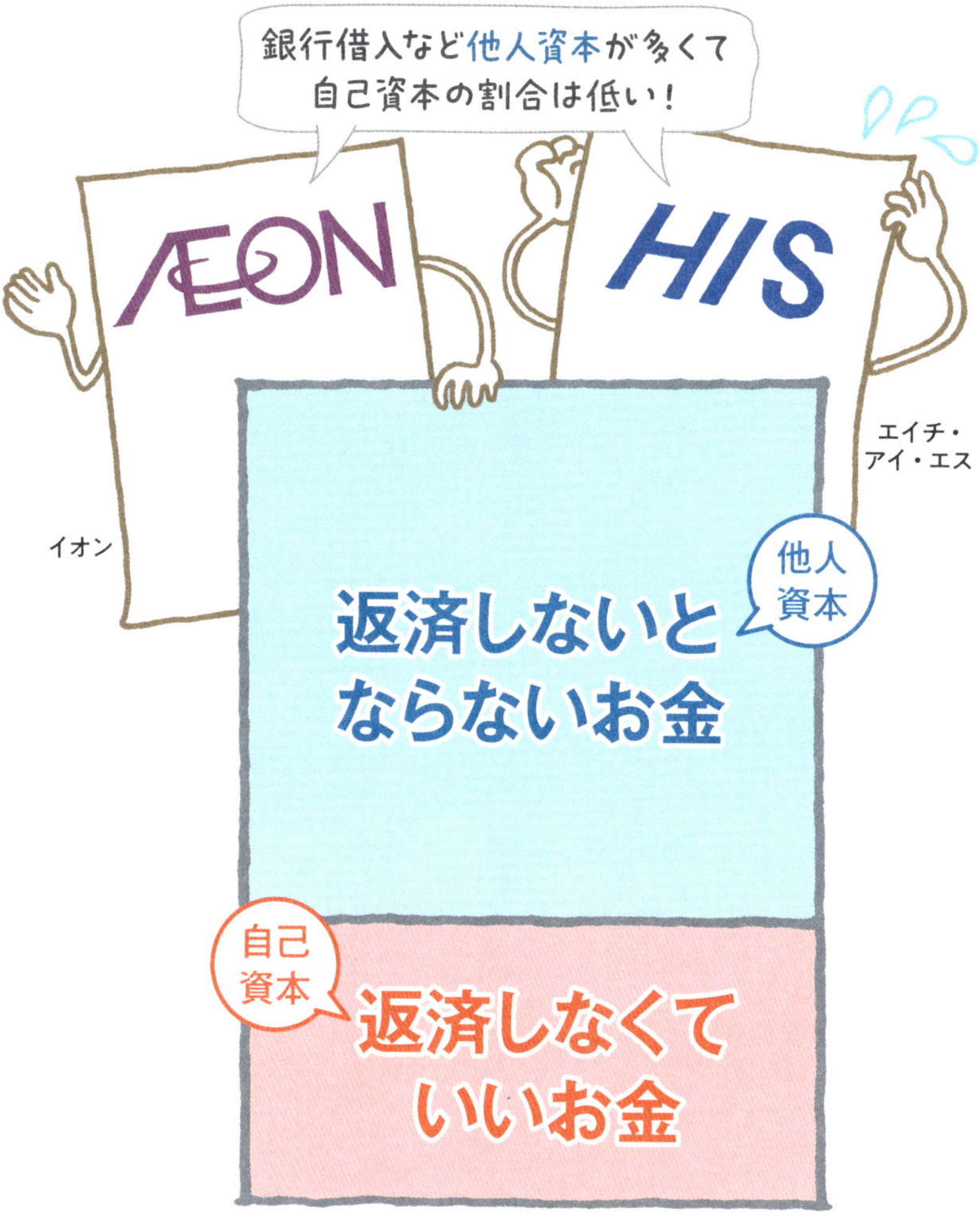

Point 1

返済の必要がない自己資本の割合を示す自己資本比率

自己資本が多いほど財務的には安全

株主の出資分（資本金）や会社の利益の積み上げ（内部留保）など、将来、返済の必要がない**自己資本の割合が多い**ほど、つまり自己資本比率が高いほど、**倒産のリスクは低く**財務的には安全といえます。
自己資本比率の水準は業種ごとに異なります。例えば設備投資などを**借入でまかなう**ことが多い製造業などは低めの数値になりやすく、逆に設備投資をあまり必要としないＩＴ産業などは他人資本の割合が抑えられ、自己資本比率は高めになる傾向があります。

自己資本比率とは

総資本の額に対する自己資本の割合。財務の安全性・健全性を示す指標の1つ。

●自己資本比率が低いと…

●自己資本比率が高いと…

●貸借対照表

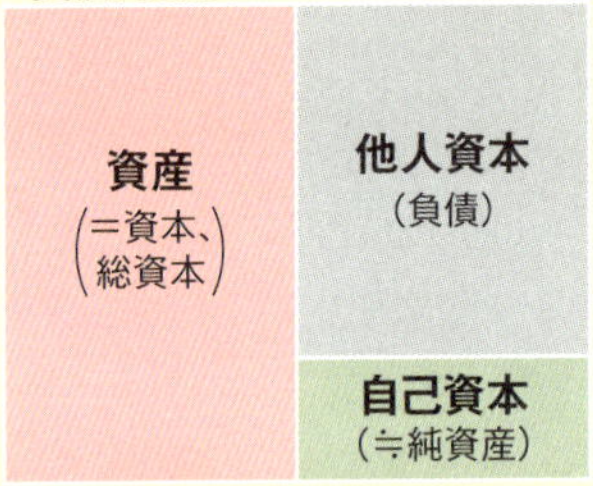

$\frac{\text{自己資本}}{\text{総資本}} \times 100 =$ 自己資本比率（%）

財務的な安全性・健全性を見る指標の1つに**自己資本比率**があります。これは**総資本に対する自己資本の割合**です。自己資本は将来、外部に返済する必要のないお金（ほぼ純資産。☞P60）。総資本は自己資本と、銀行からの借入など将来、外部に返済の必要がある他人資本（負債）との合計額です。借金増で資金繰りに行き詰まると倒産に至るケースもあるので、**自己資本が多いほど財務的には安全**といえます。

中小企業の場合、自己資本比率（全業種）の平均値は約40％※ですが、その水準は業種ごとに異なります。

※令和4年中小企業実態基本調査（中小企業庁）による。

Point 2

10%以下など比率が低い場合は財務状況に注意

自己資本比率の高い会社・低い会社の例

利益剰余金が多いと自己資本比率を引き上げます。純資産の株主資本の一部とされるこの科目は会社が生み出した利益から内部留保した分を積み重ねたもの。下表のうちドトール・日レスの内部留保は約850億円。任天堂は2兆6,000億円というケタ違いの額。なおゲーム業界は全般的に自己資本比率が高く、これはゲームのヒット次第で業績が左右されるため内部留保を厚くして備えるためです。10%台と低い比率のエイチ・アイ・エスはM＆Aや新規事業のために借入による資金調達を進めていました。イオンが8.1%と低いのは金融業を抱えているためで、銀行業における預金（流動負債）4兆5,000億円などを除けば自己資本比率は14.4%になります。

● 自己資本比率の高い会社・低い会社

（単位：百万円）

	総資本（総資産）	自己資本	自己資本比率
ドトール・日レスHD（2024年2月期）	127,788	99,155	77.6%
任天堂（2024年3月期）	3,151,394	2,603,761	82.6%
エイチ・アイ・エス（2023年10月期）	441,346	48,817	11.1%
イオン（2024年2月期）	12,940,869	1,054,120	8.1%（金融を除くと 14.4%）

自己資本比率の**高い会社と低い会社の例**を見てみます。**任天堂㈱**は82・6％、コーヒーチェーン店などの**㈱ドトール・日レスＨＤ**も77・6％と高い数値。いずれも**内部留保（利益剰余金）の多さが自己資本比率を引き上げ**ています。一方、旅行業の**㈱エイチ・アイ・エス**は11・1％と低く、これは銀行からの**借入金や社債など有利子負債が多い**ため。また流通大手の**イオン㈱**も借入など負債が多く8・1％と低い数値。ただこの借入は成長戦略に沿ったものであり、現預金など流動性の高い資産が多く、業績も好調なため財務的な不安はありません。

Financial Statement 22

会社の**成長性**を読み解く

売上高成長率、総資本増加率

Point 1

売上や利益の面から成長性をはかる指標

会社の成長度合いを見るには、売上高や営業利益などの前期比での伸び率の推移に注目します。

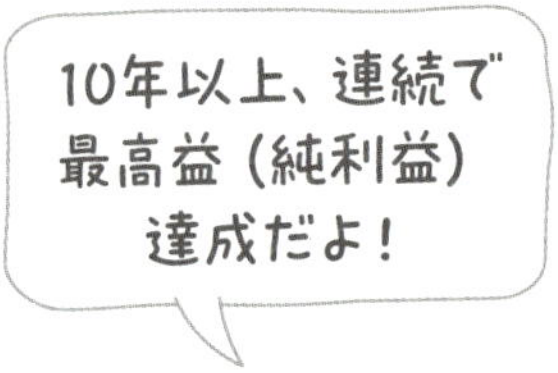

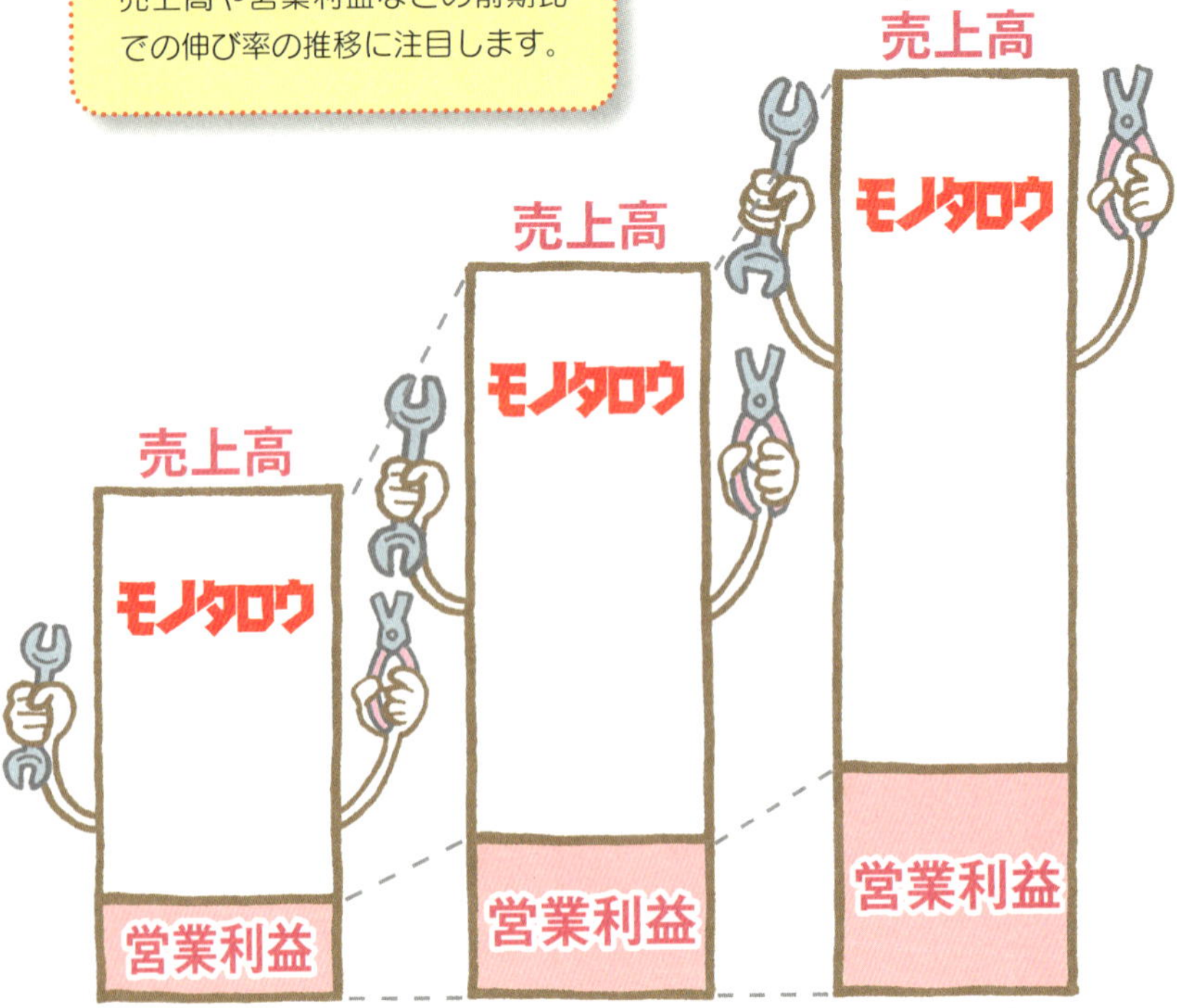

モノタロウ

Point 2

資本や純資産の面から成長性をはかる指標

総資本や純資産がどれだけ増えたかも、成長性を見るモノサシの1つです。

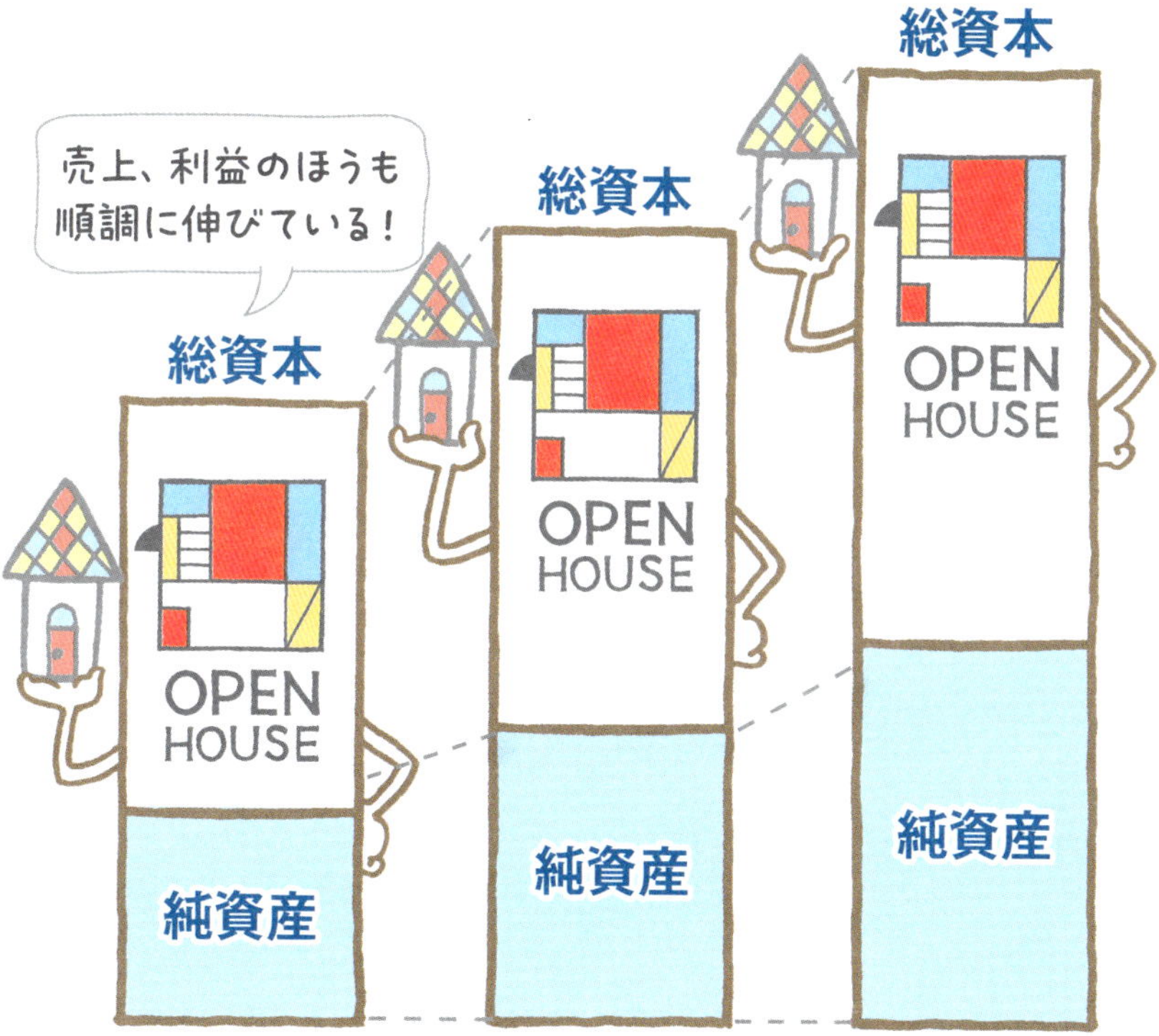

オープンハウス

Point 1

売上や利益の面から成長性をはかる指標

着実な成長を続けるモノタロウ、オープンハウス

両社とも下表のとおり売上高、営業利益のいずれも**毎期２ケタ成長**を続けています。オープンハウスの２期前（2021年9月期）の数値のハネ上がりは投資用マンションの開発分譲会社を**連結子会社化**した影響が大きかったためです。

ちなみに**当期の業績**はモノタロウが売上高2,543億円、営業利益313億円、オープンハウスが売上高1兆1,485億円、営業利益1,423億円となっています。

$$\text{売上高成長率} = \frac{\text{当期売上高} - \text{前期売上高}}{\text{前期売上高}} \times 100$$

$$\text{営業利益成長率} = \frac{\text{当期営業利益} - \text{前期営業利益}}{\text{前期営業利益}} \times 100$$

● ２社の売上高と営業利益の成長率の推移

		3期前	2期前	1期前	当期
モノタロウ	売上高成長率	19.7%	20.6%	19.1%	12.5%
	営業利益成長率	23.8%	23.1%	8.6%	19.4%
オープンハウス	売上高成長率	6.6%	**40.7%**	17.5%	20.6%
	営業利益成長率	7.5%	**62.7%**	18.1%	19.2%

※モノタロウの当期は2023年12月期、オープンハウスの当期は2023年9月期。

会社の成長度合いをはかる指標には、まず**収益面から見る売上高成長率、営業利益成長率**などがあります。当期の売上高や営業利益が前期ほか直近数年間と比較してどれだけ伸びたかを示す指標です（単位は%）。上図の㈱MonotaRO（以下モノタロウ）や㈱オープンハウスグループの成長率のように**プラスで推移するのが望ましい**ですが、数値は高ければ良いというものでもなく、急激な業容の拡大は資金調達や人材確保などが追いつかないこともあります。業界全体の成長率も参考にして**バランスのとれた成長**をめざす必要があります。

Point 2

資本や純資産の面から成長性をはかる指標

モノタロウ、オープンハウスの成長率を資本面から見る

モノタロウの当期の総資本は３期前と比べて６割増し。流動負債は買掛金や借入金、未払金などが増えて３期前から64.1％の増加。逆に固定負債は60.4％の減少です。また当期の純資産は３期前から約８割増加しています。

一方、オープンハウスの当期の総資本は３期前の２倍以上に。流動負債、固定負債とも２倍以上となり、当期の純資産も利益剰余金の増加で同じく２倍以上となっています。

総資本増加率

$$\frac{\text{当期総資本} - \text{前期総資本}}{\text{前期総資本}} \times 100$$

純資産増加率

$$\frac{\text{当期純資産} - \text{前期純資産}}{\text{前期純資産}} \times 100$$

● ２社の総資本と純資産の増加率の推移

		3期前	2期前	1期前	当期
モノタロウ	総資本増加率	36.1%	17.9%	16.6%	14.9%
	純資産増加率	27.0%	26.5%	20.5%	19.8%
オープンハウス	総資本増加率	27.6%	54.6%	17.2%	16.2%
	純資産増加率	69.3%	48.5%	14.0%	21.4%

※モノタロウの当期は2023年12月期、オープンハウスの当期は2023年9月期。

また資本や純資産の推移も成長度合いをはかるモノサシとなります。総資本の額が前期比でどれだけ増えたかを示すのが、**総資本増加率**。総資本の増加は**事業規模の拡大**ととらえられます。ただ総資本は他人資本（負債）と自己資本（純資産）の合計で、負債には**借入金が含まれます**。総資本が増えた理由が、借金の増加にあるケースは注意が必要です。

成長性とともに安全性も見るには、借金を除き、自己資本である**純資産の増加率**をチェックします。利益剰余金などが十分に蓄えられていれば、財政面での安全性は高いと考えられます。

Financial Statement 23

雑貨小売業3社の経営数字、指標を比較する

良品計画、セリア、コーナン商事

良品計画

Point 1

アラリ率の高い良品計画、営業利益率の高いセリア

良品計画のアラリ率が高い理由は、ＳＰＡというビジネスモデルや、ブランド力が支える価格設定にあります。ただ販管費率が高いので、これを低く抑えているセリアのほうが営業利益率は高くなっています。

セリア

コーナン商事

Point 2

固定資産が大きいコーナン、キャッシュ保有率が高いセリア

コーナン商事はホームセンターという業態上、固定資産の割合が高くなっています。また流動資産のうち現預金は1割未満。流動比率が最も高いのはセリアで、流動資産の6割を現預金で持ち、少ない資本で効率良く稼いでいます。

Point 1

アラリ率の高い良品計画、営業利益率の高いセリア

SPAの良品計画と仕入販売2社の違い

ＳＰＡのビジネスモデルで商品を自社製造する良品計画に対して、セリアやコーナン商事は**他社がつくった商品を仕入れて販売**しています。したがって仕入価格には商品の原価に仕入先のマージンが乗るため割高になってしまいます。また100円ショップやホームセンターの顧客は**安価な商品を求める**傾向があります。そのため良品計画のような高い利益を出せる値付けはむずかしい点も原価率を高める要因と考えられます。

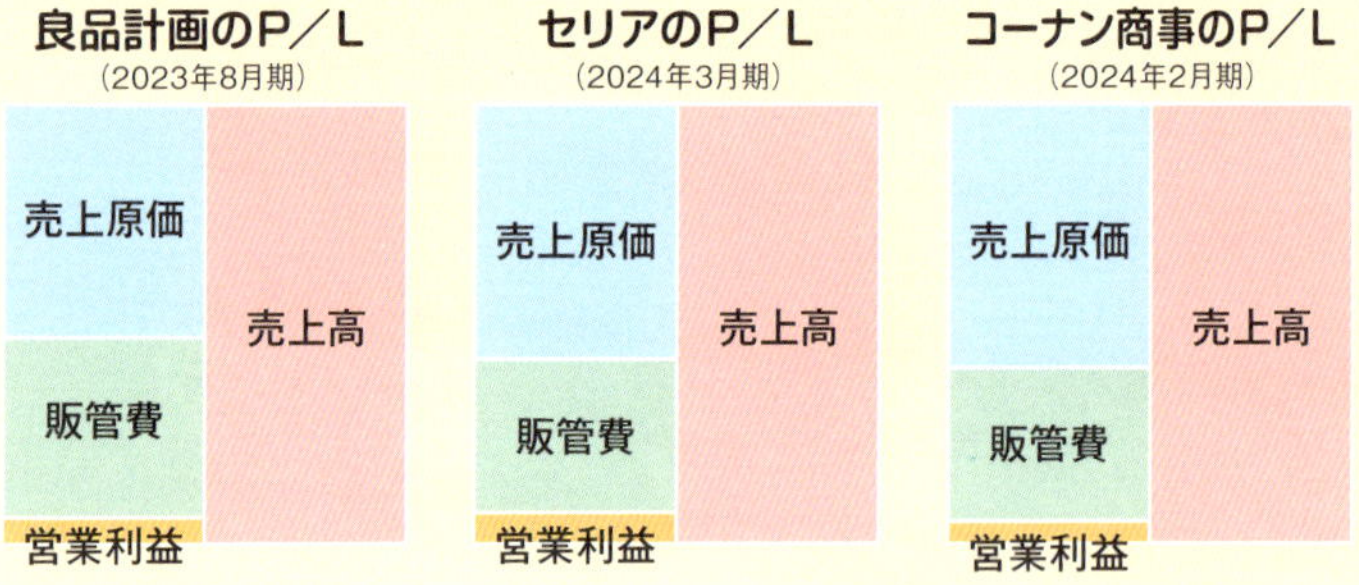

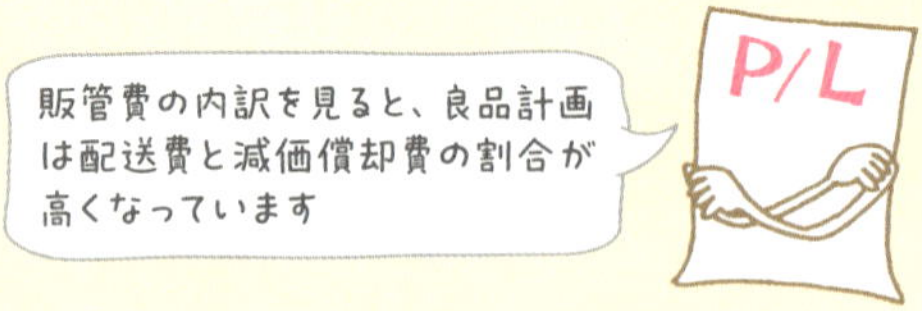

決算書の数字と、そこから導き出される様々な経営指標には、会社ごとの**業態やビジネスモデルが色濃く反映**されます。ここでは日用雑貨を扱う小売3社の例を見てみましょう。

上図は〝無印良品〟で知られる**㈱良品計画**、100円ショップ大手の**㈱セリア**、ホームセンター大手の**コーナン商事㈱**の損益計算書（勘定式）です。左ページの表とともに見てください。売上高では良品計画、コーナン商事、セリアの順です。まず目につくのはコーナン商事の**売上原価**の割合が少し高いこと。その分、販管費を抑えて利益を確保しています。逆に最も**売上原**

良品計画はネット販売分の送料負担が発生

良品計画はアラリ率が46.7％で営業利益率が5.7％、セリアはアラリ率41.3％、営業利益率6.8％。アラリ率では良品計画が上なのに営業利益率ではセリアが上回っています。アラリから販管費を差し引いた残りが営業利益ですから、両社の販管費の内訳を見ると、良品計画は配送費と減価償却費の割合が高くなっています。良品計画はネット販売の一部で送料無料サービスを行っているため配送費がかかるのです。セリアやコーナン商事は店頭販売がメインで、配送費は店舗への商品納入など限定的で配送コストは抑えられています。また良品計画はアジアを中心に世界中で店舗・事務所を構えており、これら海外子会社に関わる分を含めて減価償却費の割合が高くなっています。

	良品計画	セリア	コーナン商事
売上高	5,814億12百万円	2,232億2百万円	4,726億55百万円※
売上原価 （売上原価率）	3,098億62百万円 （53.3％）	1,310億12百万円 （58.7％）	2,855億39百万円 （60.4％）
売上総利益 （売上総利益率）	2,715億49百万円 （46.7％）	921億90百万円 （41.3％）	1,871億15百万円 （39.6％）
販管費 （販管費率）	2,384億12百万円 （41.0％）	770億69百万円 （34.5％）	1,630億18百万円 （34.5％）
営業利益 （営業利益率）	331億37百万円 （5.7％）	151億21百万円 （6.8％）	240億97百万円 （5.1％）
経常利益 （経常利益率）	361億56百万円 （6.2％）	153億15百万円 （6.9％）	225億98百万円 （4.8％）
当期純利益 （当期純利益率）	220億52百万円 （3.8％）	98億23百万円 （4.4％）	140億54百万円 （3.0％）

※営業収益。

価率が低くて**アラリ率**が高いのは良品計画。その要因は、まず同社がオリジナル商品を企画から製造、販売まで自社で一貫して行う**SPA（製造小売）というビジネスモデル**によりコストを抑制していること。また高いブランド力を背景に、十分な利益を確保する価格設定が可能なことがあげられます。

次に利益を見ると**アラリ率の最も高い良品計画を、営業利益率ではセリアが逆転**。これは良品計画の**販管費率**が高いためで、とくに配送費の割合が高く、同社がネット販売で一定額以上の購入を送料無料とし、自社で負担しているためです。

Point 2

固定資産が大きいコーナン、キャッシュ保有率が高いセリア

3社の資産、負債、純資産の部を比較する

負債、つまり他人資本の割合が高いのはコーナン商事。**純資産**、つまり自己資本の割合が高いのはセリアです。コーナン商事の負債は積極的なホームセンターの新規出店や店舗改装に伴う**短期・長期の借入金**などが中心。逆にセリアは目立った借入金などはなく、負債の額は**純資産の額の4分の1**程度に抑えられています。**自己資本比率**はセリアの76.9%に対してコーナン商事は非製造業の平均値37.6%※を下回る34.3%です。

良品計画のB／S
（2023年8月期）

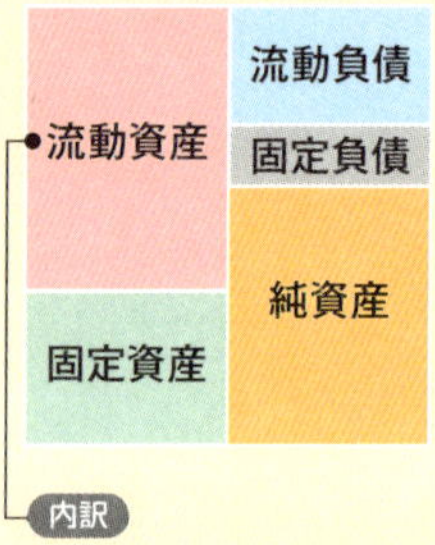

現預金 39.2%
受取手形・売掛金 4.2%
商品 45.4%

セリアのB／S
（2024年3月期）

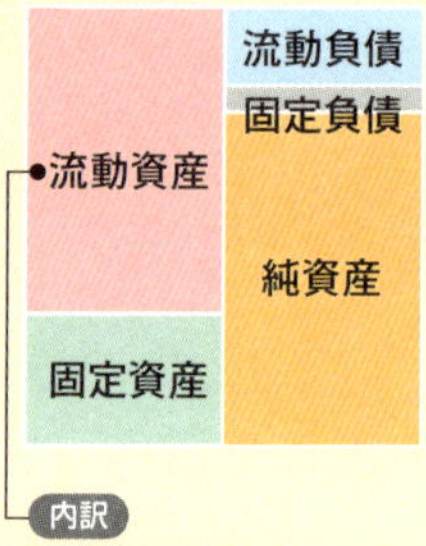

現預金 60.1%
売掛金 5.9%
商品 24.4%

コーナン商事のB／S
（2024年2月期）

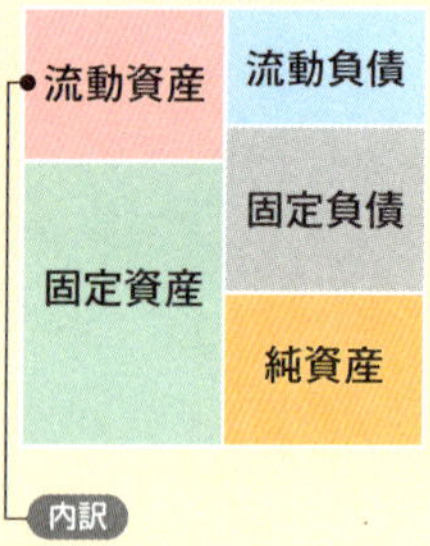

現預金 7.4%
売掛金 10.0%
商品 76.4%

次に3社の貸借対照表を比べてみます。**まず資産の部を見る**と良品計画とセリアは**流動資産**の割合が高く、コーナン商事は**固定資産**の割合が高くなっています。良品計画は流動資産の4割程度が**現預金**、セリアに至っては半分以上が現預金です。逆にコーナン商事の現預金の割合は流動資産の1割未満。**キャッシュの持ち方**に3社で違いが見られます。

固定資産の割合が高いコーナン商事は左ページの表のとおり**総資本回転率**が目安の1をギリギリ上回る1・01回。これは店舗面積の広いホームセンターを自前で保有するなど**固定資産の**

※財務省・財務総合政策研究所『法人企業統計からみえる企業の財務諸表2022年度』による。

1店舗あたり売上高、投資効率で比較する

1店舗あたりの売上高で比較すると、セリアは売上高約2,200億円、店舗数約2,000店で1億円強。良品計画は売上高約5,800億円、店舗数約1,200店で5億円弱。コーナン商事は売上高約4,700億円、店舗数約600店で8億円弱。商品単価が高く、売り場面積の広いほうが1店舗あたりの売上高は高くなっています。

一方、投資効率で見ると、コーナン商事は、有形固定資産額2,067億円、店舗数600店で、単純計算すると1店舗あたり約3億5,000万円の資金がかけられています。これに対して良品計画は約7,000万円、セリアに至ってはわずか約1,000万円と、少ない投資で効率良く稼いでいることがわかります。

	良品計画	セリア	コーナン商事
流動資産（流動比率）	2,934億12百万円（238%）	918億37百万円（396%）	1,594億55百万円（128%）
固定資産（固定比率）	1,603億2百万円（60.1%）	408億67百万円（40.1%）	2,991億1百万円（190.2%）
有形固定資産（有形固定資産回転率）	836億30百万円（6.95回）	236億45百万円（9.44回）	2,067億86百万円（2.29回）
流動負債	1,234億70百万円	232億18百万円	1,250億32百万円
固定負債	627億98百万円	74億47百万円	1,762億67百万円
純資産	2,674億46百万円	1,020億38百万円	1,572億57百万円
自己資本（自己資本比率）	2,635億99百万円（58.1%）	1,020億38百万円（76.9%）	1,572億57百万円（34.3%）
資産合計（総資本回転率）	4,537億15百万円（1.28回）	1,327億5百万円（1.68回）	4,585億57百万円（1.01回）
総資産利益率：ROA	4.9%	7.4%	3.1%

額が高いためです。この総資本回転率の違いが**有形固定資産回転率**の違いにもあらわれ、コーナン商事は2・29回と非製造業の平均値3・04回※以下。これは商品在庫の抱え過ぎではなく、店舗など**有形固定資産を多く保有**しているためです。逆に有形固定資産の少ないセリアの同回転率は9・44回と高い数値になっています。

　また、稼ぐチカラの指標である**ROA（総資産利益率）**は、当期純利益率、総資本回転率ともに高いセリアが最高値の7・4%。とくに総資本回転率の高さが、**少ない資本で効率良く稼いでいる**ことを示しています。

Financial Statement
24

飲料メーカー3社の経営数字、指標を比較する

伊藤園、ヤクルト本社、ダイドーグループ

ヤクルトほか人気のロングセラー商品を訪問販売します
Yakult
売上高
5,000
億円超
3社中で
総資本回転率が
最も低いのはナゼ？
ヤクルト本社

Point 1

自社製造・販売とファブレス、2つのビジネスモデルの違い

ヤクルト本社は商品の開発から製造、販売まですべて自社で行うビジネスモデル。一方、伊藤園やダイドーグループは自社で生産設備をもたないファブレス経営のビジネスモデルです。

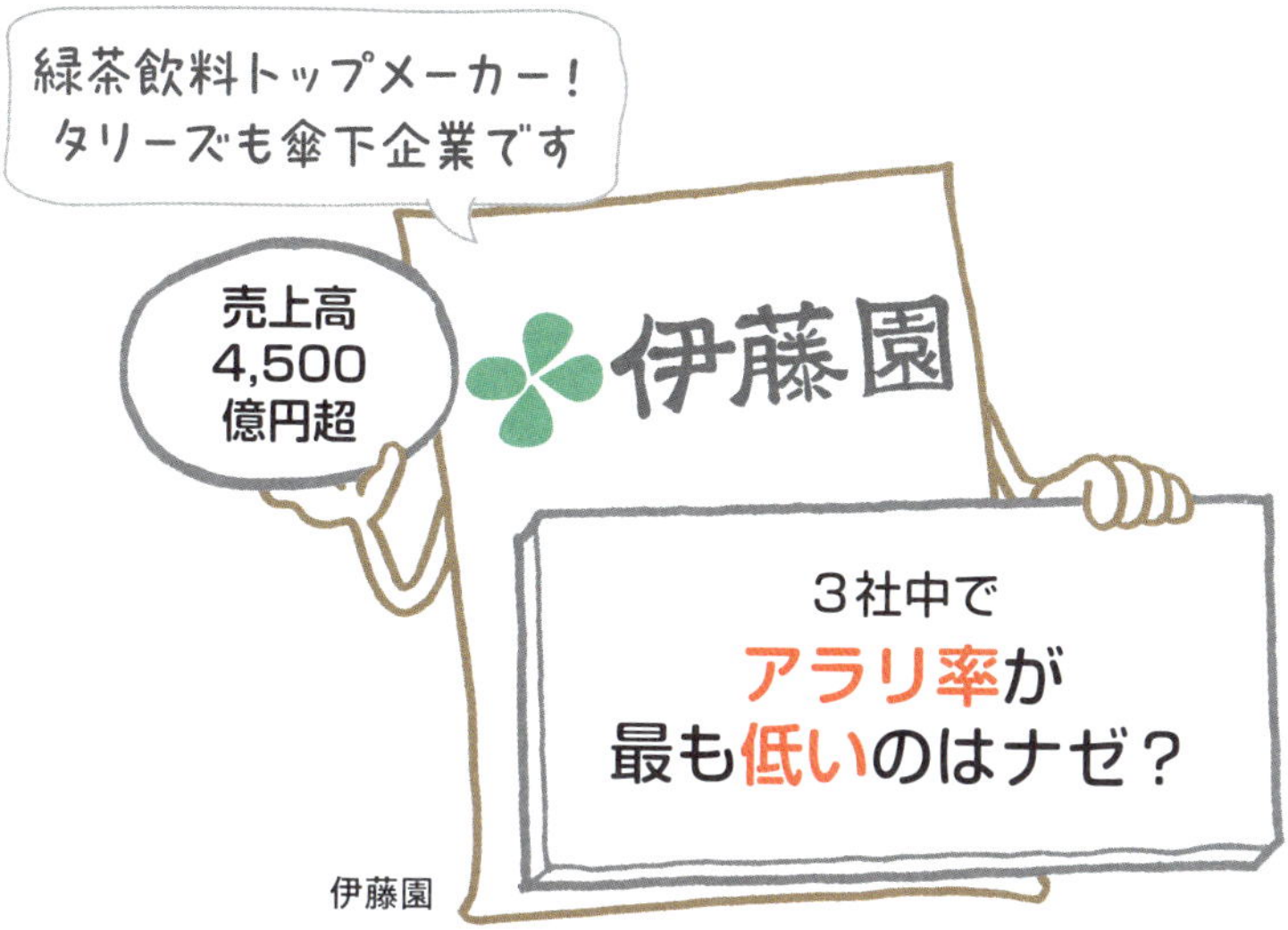

伊藤園

ダイドーグループHD

Point 2

総資本回転率は低いが ROAは高いヤクルト本社

自社で製造・販売を行うヤクルト本社は、売上を上回る資産を抱えるため総資本回転率は低い数値。一方、原価は抑えられて利益率が高いので収益性を示すＲＯＡ（総資産利益率）は高い数値です。

Point 1

自社製造とファブレス、2つのビジネスモデルの違い

売上原価が高めのファブレスは販管費を抑制

ヤクルト本社は店舗や自販機のほか訪問販売という独自の販売システムを運用。ヤクルトレディは業務委託した個人事業主で、報酬の支払は給与ではなく販管費の1割強を占める販売手数料の科目で扱います。この販管費率は売上原価率を上回るものの、営業利益率は2ケタ台を確保。またファブレスの伊藤園は商品の仕入れ経費が割高になるなど売上原価率は高いものの、販管費率を抑えてしっかりと利益を確保しています。

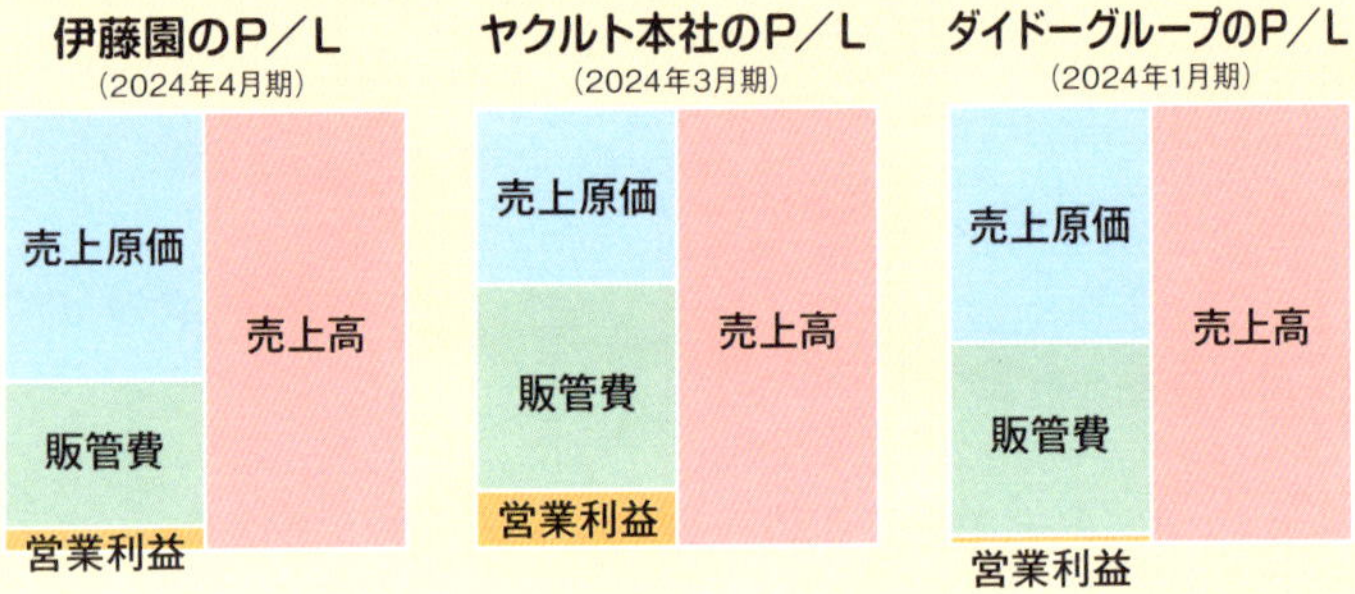

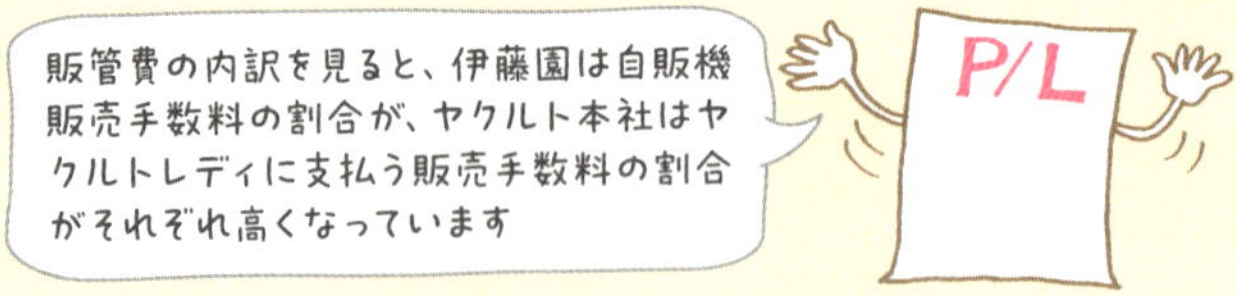

ビジネスモデルの異なる企業の決算比較を飲料メーカーで見てみましょう。上図は㈱ヤクルト本社、緑茶飲料の㈱伊藤園、缶コーヒーのダイドーグループホールディングス㈱（以下ダイドーG）の損益計算書。左表を見ると売上高ではヤクルト本社、伊藤園、ダイドーGの順です。まず売上原価率を見るとヤクルト本社の40％に対して他の2社は50％超。伊藤園とダイドーGは自社で生産設備を持たず他社に委託生産する〝ファブレス〟経営。このビジネスモデルではどうしても原価が割高になります。アラリ率はヤクルト本社の約60％に対して

収益性の高いヤクルトは自己資本比率も高水準

売上高トップはヤクルト本社で5,000億円超。海外進出に積極的で国内と海外で売上はほぼ半々です。伊藤園の売上高は4,500億円超でリーフ・ドリンク関連が９割近く。子会社のコーヒーチェーン店・タリーズの売上は全体の１割程度です。ダイドーＧの売上は2,000億円強で、半分をコーヒー飲料が占めます。

ビジネスモデルの違い——ファブレスか、自社製造かは、売上原価率の違いにはっきりとあらわれています。ファブレス２社の原価率が５割以上であるのに対し、自社製造のヤクルトは４割と抑えられ、アラリ率の高さにつながっています。

また同社は多くの利益を長年にわたり内部留保してきた結果、経営の安全性を見る自己資本率が約66％と高い数値になっています（☞P.133）。

	伊藤園	ヤクルト本社	ダイドーグループ
売上高	4,538億99百万円	5,030億79百万円	2,133億70百万円
売上原価（売上原価率）	2,768億32百万円（61.0％）	2,031億66百万円（40.0％）	1,148億97百万円（53.8％）
売上総利益率（売上総利益率）	1,770億67百万円（39.0％）	2,999億13百万円（59.6％）	984億72百万円（46.2％）
販管費（販管費率）	1,520億44百万円（33.5％）	2,365億13百万円（47.0％）	947億40百万円（44.4％）
営業利益（営業利益率）	250億23百万円（5.5％）	633億99百万円（12.6％）	37億32百万円（1.7％）
経常利益（経常利益率）	266億81百万円（5.9％）	793億円（15.8％）	31億15百万円（1.5％）
当期純利益（当期純利益率）	156億50百万円（3.4％）	510億6百万円（10.1％）	44億23百万円（2.1％）

伊藤園は39％と3社中で最も低い数値です。

ただ営業利益率は伊藤園よりも販管費率が高いダイドーGのほうが低い数値。同社はファブレスに加え、商品の8割を自販機で売り上げる〝自販機ビジネスモデル〟。販管費の中ではとくに販売キャンペーンなど販売促進費の割合が高く、競合の多い自販機商品の中から選ばれるために必要なコストです。

またヤクルト本社も販管費の割合は高く、同社独自の販売チャネルである訪問販売をになうヤクルトレディへの販売手数料支払いの割合が高くなっています。

Point 2

総資本回転率は低いがROAは高いヤクルト本社

資産をキャッシュで多くもつヤクルト、伊藤園の当座比率は？

資産のうち流動資産の内訳を見ると、ヤクルト本社と伊藤園はキャッシュ（現預金）の割合が高くなっています。とくにヤクルト本社は流動資産の7割近くが現預金。そこで短期的な支払能力を示す指標の当座比率（流動資産のうち現預金、受取手形、売掛金などの当座資産÷流動負債）を計算すると、ヤクルト217％、伊藤園178％、ダイドーG138％でした。ヤクルト本社の財務状況の安全性が際立って高いことがわかります。

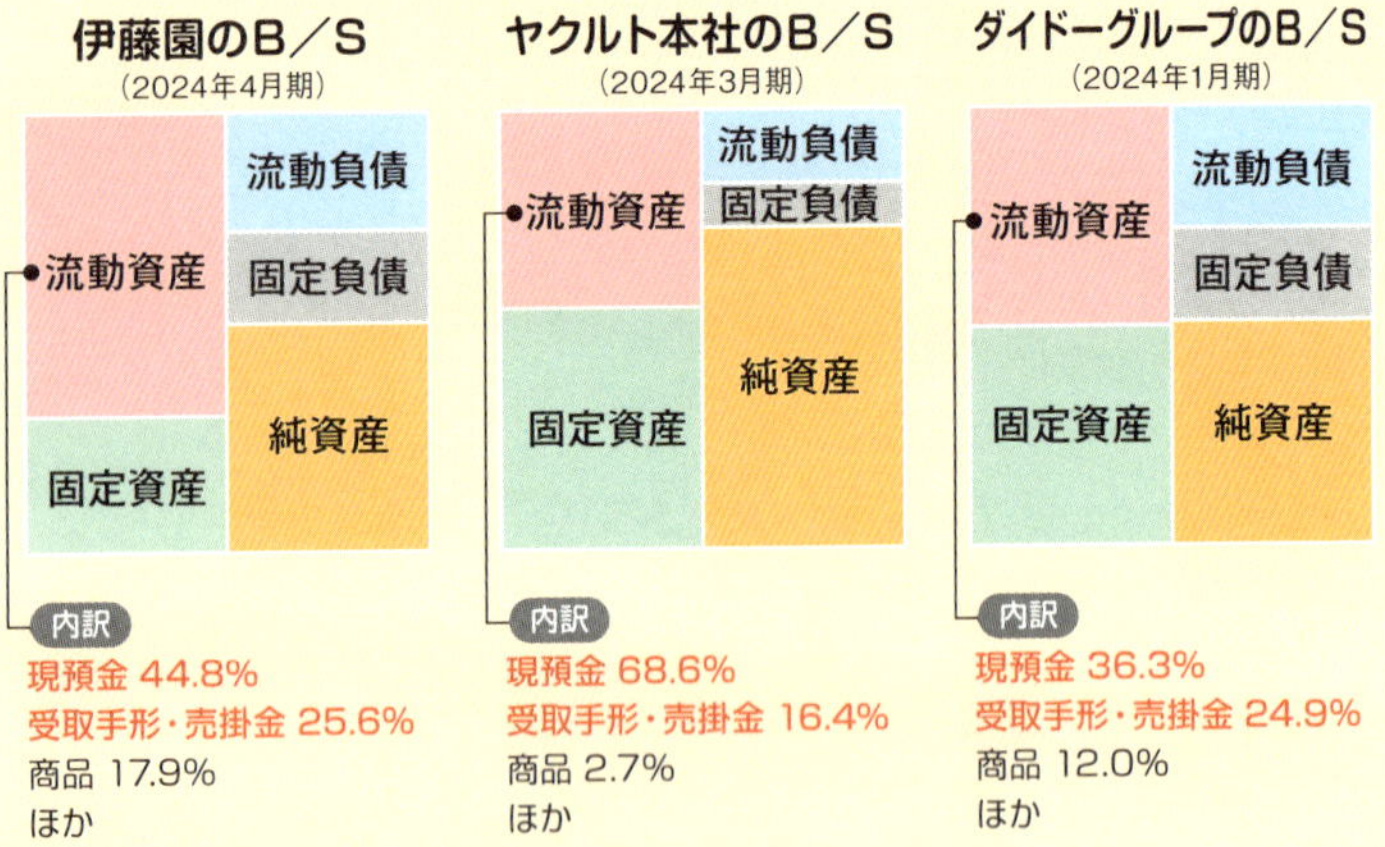

上図は3社の貸借対照表です。まず目を引くのがヤクルト本社の**純資産**の割合の高さ。その大部分を占めるのが長年の利益の積み上げである**利益剰余金**。前ページで見た同社の高い利益率がここに反映されています。大きな内部留保を抱えており、**自己資本比率**は約66％と高い数値。

ただ利益率の高い同社も**総資本回転率は3社中で最も低い**0・6回。資産合計8300億円超に対して売上高は5000億円超と下回っています。**資産の額が大きいのは商品の製造・販売を自社で一貫して手がけるビジネスモデル**であるため。他

効率性は劣るが収益性は高いヤクルト本社

当座比率はヤクルト本社がダントツに安全性の高い数値でしたが、**流動比率**で見るとヤクルト本社と伊藤園はほぼ同じ程度。ダイドーＧも良好な数値です。一方、**固定比率**はダイドーＧが98.8%と安全性の目安である100%を**ギリギリ超えない**数値。これは固定資産と自己資本の額がほぼ同じという意味で、これが100%を超えて固定資産を自己資本だけでまかなえなくなると注意が必要です。またヤクルト本社の**総資本回転率**は0.60回で他の２社と比べて低い数値ですが、前のＰ／Ｌで見たとおり**営業利益率**は他の２社に抜きん出て高いため、**ＲＯＡ**は３社で最も高い数値。商品を自社で製造・販売するヤクルト本社は、**効率性は劣るものの収益性の高い**ビジネスモデルととらえることができます。

	伊藤園	ヤクルト本社	ダイドーグループ
流動資産（流動比率）	2,437億49百万円（252%）	3,721億61百万円（256%）	890億93百万円（183%）
固定資産（固定比率）	1,101億42百万円（60.7%）	4,611億25百万円（84.0%）	884億70百万円（98.8%）
有形固定資産（有形固定資産回転率）	740億36百万円（6.13回）	2,609億98百万円（1.93回）	515億12百万円（4.14回）
流動負債	966億65百万円	1,455億67百万円	487億85百万円
固定負債	740億10百万円	817億72百万円	372億97百万円
純資産	1,832億16百万円	6,059億46百万円	914億80百万円
自己資本（自己資本比率）	1,814億83百万円（51.3%）	5,492億84百万円（65.9%）	895億45百万円（50.4%）
資産合計（総資本回転率）	3,538億92百万円（1.28回）	8,332億86百万円（0.60回）	1,775億63百万円（1.20回）
総資産利益率：ROA	4.4%	6.1%	2.5%

の2社はファブレス経営なので資産の額は抑えられ、これを売上額が上回っています。伊藤園の回転率は1・28回、ダイドーGは1・2回。ヤクルト本社よりも他の2社のほうが**事業の効率性が高い**といえます。

一方、**ROA**（総資産利益率）で比較すると、こちらはヤクルト本社が6・1%と3社中で最上位。多額の資産を抱えながら、それが**効率良く利益の創出に結びついている**といえます。逆にROAが最も低いのはダイドーGで、ファブレスにより大きな設備投資の必要はなく資産額は抑えられていますが、**収益性の低さ**が影響しています。

Financial Statement 25

Jリーグクラブの収支を比べてみよう

J1平均売上高は52億円

Point 1

広告料、入場料、物販などが主な収入源

売上高の内訳は全クラブでスポンサー（広告料）収入の割合が最も大きく、次いで入場料収入となっています。

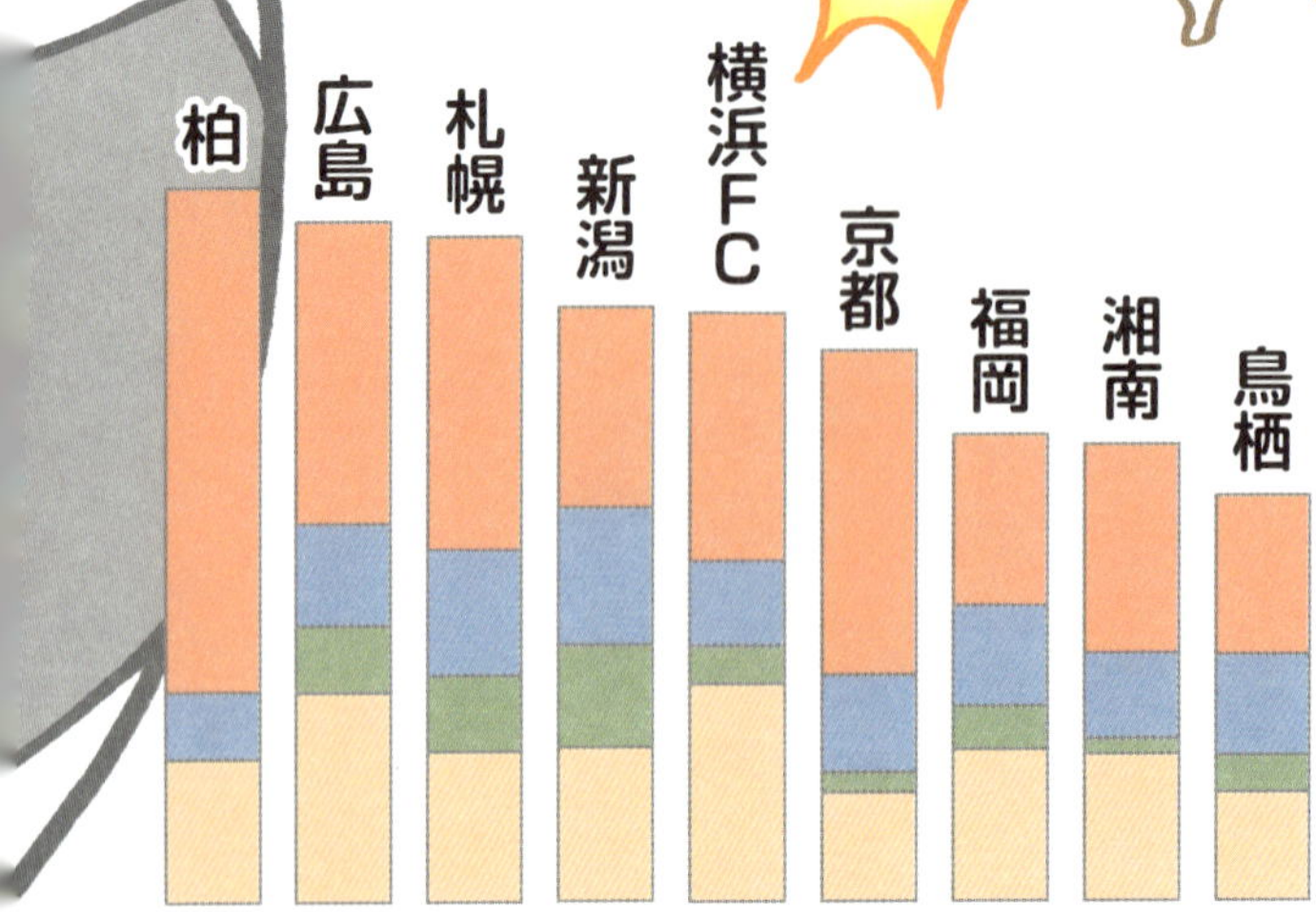

（資料：2023年度クラブ経営情報開示資料／公益社団法人日本プロサッカーリーグ）

Point 2

費用でかかるのは トップチームの人件費

費用で最も割合が大きいのは、売上原価のうちトップチームの人件費。金額では浦和が１位で、神戸が２位。

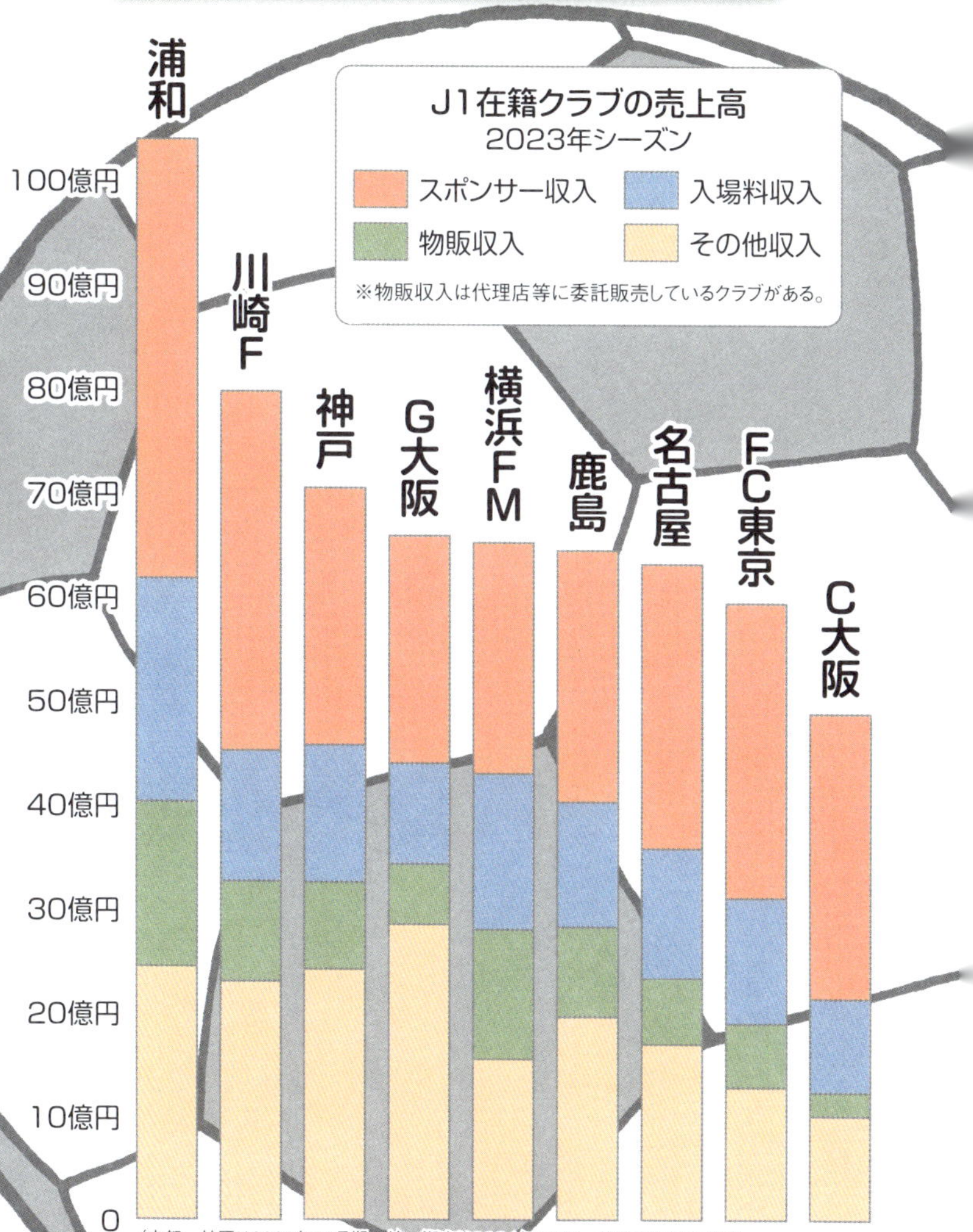

（京都、神戸は2023年12月期、柏、湘南は2024年3月期、他は2024年1月期）

Point 1

広告料、入場料、物販料などが主な収入源

売上高1位は浦和で100億円超

売上高1位の浦和はスポンサー収入、入場料収入、物販収入のいずれもリーグ1位。100億円の大台突破は過去に元スペイン代表・イニエスタ選手の活躍で話題となった2019年度の神戸114億円以来史上2度めです。優勝争いをはじめACLやカップ戦の勝ち上がりなどでホームゲームの試合数が多かったこともあり入場料収入は前期比150％の伸び。また物販収入も入場料収入の4分の3に迫る額でした。売上高2位の川崎F、3位の神戸も毎年安定して好業績をあげているクラブです。

● 収益が上位のJ1クラブ

（単位：百万円）

売上高	1 浦和 10,384	2 川崎F 7,963	3 神戸 7,037	4 G大阪 6,574
スポンサー収入	1 浦和 4,223	2 川崎F 3,452	3 柏 3,111	4 FC東京 2,836
入場料収入	1 浦和 2,145	2 横浜FM 1,499	3 神戸 1,320	4 川崎F 1,258
物販収入※	1 浦和 1,583	2 横浜FM 1,244	3 川崎F 951	4 鹿島 893

※代理店等に委託販売しているクラブもあるため数字は参考程度。

（神戸は2023年12月期、柏は2024年3月期、他は2024年1月期）

逆に売上高の低いチームは下から、①鳥栖24.97億円、②湘南28.12億円、③福岡28.74億円の順でした

プロサッカークラブの収支はどうなっているかを見てみましょう。Jリーグの2023年度クラブ経営情報開示資料によると、売上が最も多かったのは浦和で103億円。リーグで唯一100億円の大台を突破しています。次いで川崎Fの79億円、神戸の70億円と続き、J1在籍18クラブの平均では52億円となっています。

売上高の内訳はスポンサー（広告料）収入、入場料収入、Jリーグ配分金※、物販（グッズ等）収入などで、各金額上位のクラブは上表のとおり。スポンサー収入、入場料収入とも、やはり浦和が1位です。

※Jリーグの放映権料、協賛金などをもとにJリーグ理事会からすべてのクラブへ配分されるお金。

Point 2

費用でかかるのはトップチームの人件費

平均では売上原価40億円、販管費12億円

費用のうちトップチームの人件費は、J1全体の平均でも売上原価の約6割を占めます。ただしその額は浦和の38億円強を筆頭に、その4分の1以下の9億円弱という新潟までかなり差があります。また営業利益は18クラブ中で黒字が10クラブ、赤字が8クラブ。実は全体平均だと約2,000万円の赤字となっています。営業黒字1位はトップチーム人件費が最下位だった新潟で6億2,000万円の黒字。なお2023年シーズンの優勝はヴィッセル神戸。クラブ創設以来初の快挙となりました。

●費用が上位のJ1クラブ

（単位：百万円）

	1	2	3	4
売上原価	浦和 7,403	神戸 6,421	川崎F 5,356	名古屋 5,324
トップチーム人件費	浦和 3,860	神戸 3,800	川崎F 3,287	横浜FM 3,042
販管費	浦和 2,614	川崎F 2,483	鹿島 1,997	神戸 1,842

（神戸は2023年12月期、他は2024年1月期）

●利益が上位のJ1クラブ

（単位：百万円）

	1	2	3	4
営業利益	新潟 620	G大阪 539	柏 522	C大阪 411
当期純利益	柏 490	新潟 460	C大阪 401	浦和 305

（柏は2024年3月期、他は2024年1月期）

費用では、売上高上位の浦和、神戸、川崎Fが**売上原価、販管費でも上位**にランキング。J1全クラブで売上原価の約6割を占めるのが**トップチームの人件費**です。前期までは神戸が連続1位でしたが、2023年度は浦和が1位。J1全体の平均では**売上原価が40億円、販管費が12億円**です。

利益を見ると、本業の儲けである営業利益の1位は浦和ではなく、**売上高13位の新潟**。トップチーム人件費をJ1全クラブで最も安く抑えたことが大きな要因です。ただ最終的な**当期純利益は柏が1位**。新潟は法人税等で儲けを削られました。

株価指標の PER、PBRとは どんなもの?

上場(株式公開)会社の決算書の数字は、株取引の参考にもなります。代表的な3つの株価指標のうち、まず知っておきたいのが、**1株あたり利益**(**EPS**)。**1株あたりどれだけの利益を得たか**を見るもので、〈当期純利益÷発行済み株式数〉で計算します(EPSの単位は円)。例えば当期純利益が10億円で、発行済み株式数が1,000万株なら、EPSは100円です。

このEPSを使って、**現在の株価が割安か、割高か**を見る株価指標が、**株価収益率**(**PER**)です。計算式は〈現在の株価÷EPS〉で、現在の株価がEPSの何倍になるかをあらわす指標です(単位は倍)。例えば、現在の株価が1,500円で、EPSが100円なら、PERは15倍。PERは、**同業他社との比較や、業界平均値との比較**により株価を判断するツールです。

同じく、現在の株価が割安か、割高かを見る株価指標に、**株価純資産倍率**(**PBR**)があります。PBRは会社の純資産を対象にします。まず**1株あたりの純資産額**(**BPS**)を〈純資産額÷発行済み株式数〉で計算し、現在の株価をBPSで除したものがPBRの値です(単位は倍)。**PBRが1倍**なら現在の株価と1株あたりの純資産額が同じということ。もし今すぐ会社が解散した場合、純資産は出資した株主にそっくり戻ると考えられます。そこで**PBRが1倍未満ならその株式は割安**、1倍以上なら割高と判断します。

Chapter 4

キャッシュ・フロー計算書のキホン

ザックリいって
キャッシュ・フロー計算書
ってどんなもの？

決算書の主な3つの書類

1

損益計算書は1年間の会社の儲けをあらわす書類…

だが**実際のキャッシュ**※**の動きとは異なります**

※現金、預金など。

2

実際の**キャッシュの動き**、**状況**がつかめる書類が**キャッシュ・フロー計算書**

C/F

3

3つの経済活動※ごとに**1年間のキャッシュの出入り**（増減）をプラスとマイナスで示します

※営業、投資、財務の活動

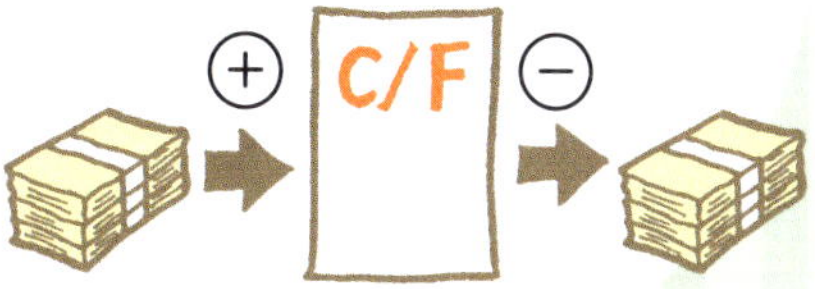
＋
C/F
－

C/F
キャッシュ・フロー計算書は実際のキャッシュの動きから安定性や成長性、資金繰り状況がわかる決算書！

キャッシュの回り具合がわかる会計書類

損益計算書には1年間の会社の儲けがあらわされますが、実は**現金や預金などのキャッシュ**がどう動き、どんな状況にあるかは正しくつかめません。会計のルールにより実際のキャッシュの動きと**ズレがある**からです。実際のキャッシュの動きを明らかにする書類が、**キャッシュ・フロー計算書**です。営業、投資、財務という3つの経済活動ごとに、**1年間のキャッシュの増減**が詳しく記されます。英語名を略して「**C／F**（シー・エフ）」※と表記します。

※英語名「キャッシュ・フロー・ステイトメント（Cash Flow Statement）」の略称。

Financial Statement 26

3つのキャッシュの増減に着目する

営業、投資、財務の各C／F

Point 1

1年間のキャッシュの詳細な動きがわかる書類

キャッシュ・フロー計算書は、キャッシュが入ってくる（キャッシュ・イン）とプラス、出ていく（キャッシュ・アウト）とマイナスとし、その増減＝キャッシュ・フローの詳細をあらわします。

Point 2

営業、投資、財務の3つのキャッシュ・フローに分かれている

3つの経済活動のキャッシュの増減から、どんな活動によりキャッシュがいくら増えたか、減ったか、会社の資金の状況がわかります。

ここでいう
キャッシュとは
現金や預金など
C/F

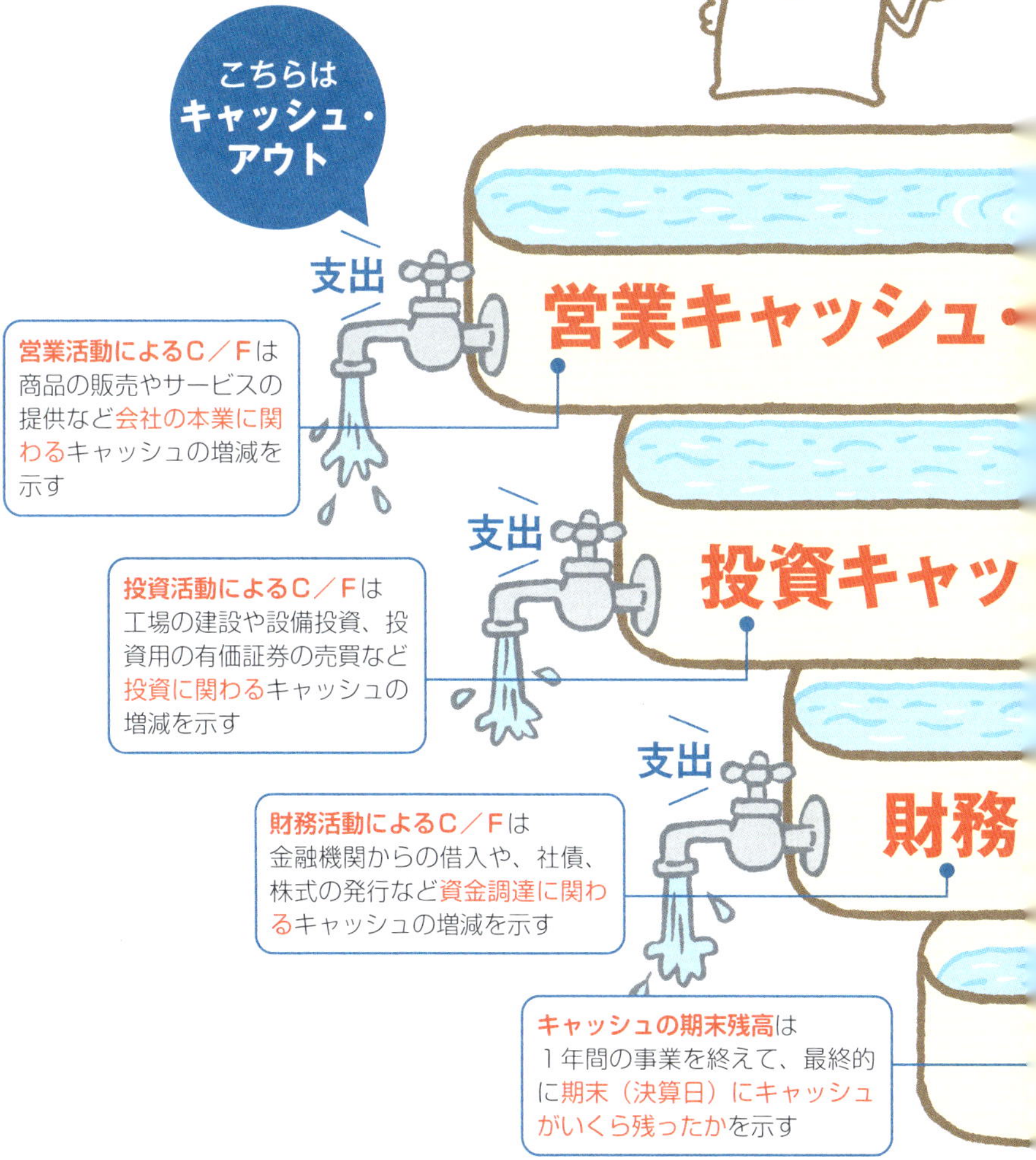
こちらは
キャッシュ・
アウト
支出
営業キャッシュ・
営業活動によるC／Fは
商品の販売やサービスの提供など会社の本業に関わるキャッシュの増減を示す
支出
投資キャッ
投資活動によるC／Fは
工場の建設や設備投資、投資用の有価証券の売買など投資に関わるキャッシュの増減を示す
支出
財務
財務活動によるC／Fは
金融機関からの借入や、社債、株式の発行など資金調達に関わるキャッシュの増減を示す
キャッシュの期末残高は
1年間の事業を終えて、最終的に期末（決算日）にキャッシュがいくら残ったかを示す

Point 1

1年間のキャッシュの詳細な動きがわかる書類

C／Fは現金主義、P／Lは発生主義でつくられる

キャッシュ・フロー計算書（C／F）は1年間に入ってきたお金（キャッシュ＝現金・預金など）と出ていったお金を明らかにして**期末時点でキャッシュが実際にいくら残っているか**をあらわす決算書。一方、損益計算書（P／L）も1年間に稼いだお金（収益）と出ていったお金（費用）、稼いだお金（利益）をあらわしますが、C／Fとは会計処理の仕方が異なります。**P／Lは発生主義、C／Fは現金主義**で計算されます。

P／Lの会計処理は**発生主義**！

実際のキャッシュの動きに関係なく、納品、検収など収益や費用の**取引が発生した時点で計上**する方法。収益や費用は取引が発生した期間の決算書に割り当てる。

C／Fの会計処理は**現金主義**！

取引の発生に関係なく、入出金など**現金の動きがあった時点で計上**する方法。収入や支出は取引が発生した期間ではなく、実際に入出金があった期間の決算書に割り当てる。

キャッシュ・フロー計算書（略称C／F）は**キャッシュの動き（出入り）に着目**してつくる決算書です。ここでいうキャッシュとは「現金及び現金同等物」※。現金とは現金のほかに当座預金や普通預金などすぐに引き出せる預金。また現金同等物とは取得日から満期日（償還日）までの期間が短い定期預金や公社債投信などです。

これらのキャッシュを**「現金主義」に基づいて計算**し、入ってくる（収入）ものはプラス、出ていく（支出）ものはマイナスであらわすのがC／F。これを見れば**会社の資金（キャッシュ）の実際の状況**がつかめます。

※「連結キャッシュ・フロー計算書等の作成基準」（金融庁）による。

Point 2

営業、投資、財務の3つのキャッシュ・フローがある

3つのキャッシュ・フローの中身は？

営業活動によるキャッシュ・フローは、**会社の本業の営業活動で得られたキャッシュ**の増減です。損益計算書の営業利益を計算するまでの売上や費用の支払いによる収入・支出などが中心です。

投資活動によるキャッシュ・フローは、文字どおり**投資によるキャッシュ**の増減です。固定資産や有価証券の取得と売却による収入・支出などが中心です。

財務活動によるキャッシュ・フローは**資金の調達・返済によるキャッシュ**の増減です。そしてC／Fでは最後に、期中のキャッシュの増減額と、**期首・期末の残高**を表示します。

営業活動による
キャッシュ・フロー

- 営業利益（または損失）の計算対象になった取引による収入・支出（支払い）
- その他、投資活動、財務活動以外の取引による収入・支出
- 法人税、住民税、事業税の支払い　など

投資活動による
キャッシュ・フロー

- 固定資産の取得による支出、売却による収入
- 現金同等物に含まれない短期投資の取得による支出、売却による収入　など

財務活動による
キャッシュ・フロー

- 資金の調達による収入、返済による支出　など

経営成績の評価や経営計画の目標には〝利益〟を用いるのが一般的ですが、C／Fがあれば「来期は〝キャッシュ〟を○億円稼ぐ」などとすることもできます。またキャッシュの状況をつかんでいれば、利益は出ているのに支払いにあてるお金がないといった黒字倒産を回避できます。キャッシュの有無は**資金繰り、会社の存続に関わる**重要事項です。

ただ、会社全体のキャッシュの状況だけでは、増減や残高の理由はわかりません。そこでC／Fは**営業、投資、財務の3つの経済活動**に分けてあらわします。

キャッシュ・フロー計算書の中身はどうなっているか

3つのキャッシュ・フローそれぞれの1年間の増減と、期末時点のキャッシュの増減額、期首・期末の残高があらわされています。

この部分が営業キャッシュ・フロー（A）

例えば、●商品・製品やサービスの販売による収入、●商品やサービスの購入による支出、●従業員や役員に対する報酬の支出、●災害による保険金の収入、●損害賠償金の支払い　など

この部分が投資キャッシュ・フロー（B）

例えば、●有形固定資産や無形固定資産の取得による支出、●有形固定資産や無形固定資産の売却による収入、●有価証券（現金同等物を除く）や投資有価証券の取得による支出、●有価証券（現金同等物を除く）や投資有価証券の売却による収入、●貸付けによる支出、●貸付金の回収による収入　など

この部分が財務キャッシュ・フロー（C）

例えば、●株式の発行による収入、●自己株式の取得による支出、●配当金の支払い、●社債の発行や借入れによる収入、●社債の償還や借入金の返済による支出　など

現金及び現金同等物の増減額（D）

＝（A）＋（B）＋（C）
（D）がプラスなら1年間で**キャッシュが増えた**ことになり、マイナスなら**キャッシュが減った**ことになる。

現金及び現金同等物の期首残高（E）

現金及び現金同等物の期末残高

＝（E）±（D）
1年間の事業が終わった期末（決算日）に**最終的に会社に残ったキャッシュ**の総額

キャッシュ・フロー計算書（例）

自○年○月○日　至○年○月○日

（単位：百万円）

営業活動によるキャッシュ・フロー	
税引前当期純利益（連結では税金等調整前当期純利益）	XXX円
減価償却費	XXX円
貸倒引当金の増減額（△は減少）	XXX円
退職給付に係る負債の増減額（△は減少）	△XXX円
受取利息及び受取配当金	△XXX円
支払利息	XXX円
為替差損益	XXX円
固定資産売却損益（△は減少）	△XXX円
売上債権の増減額（△は減少）	△XXX円
棚卸資産の増減額（△は減少）	△XXX円
仕入債務の増減額（△は減少）	△XXX円
小計	XXX円
利息及び配当金の受取額	XXX円
利息の支払額	△XXX円
法人税等の支払額	△XXX円
営業活動によるキャッシュ・フロー	XXX円
投資活動によるキャッシュ・フロー	
有形固定資産の取得による支出	△XXX円
有形固定資産の売却による収入	XXX円
投資有価証券の売却による収入	XXX円
貸付による支出	△XXX円
投資活動によるキャッシュ・フロー	△XXX円
財務活動によるキャッシュ・フロー	
短期借入金の増減額	△XXX円
長期借入による収入	XXX円
長期借入金の返済による支出	△XXX円
配当金の支払額	△XXX円
財務活動によるキャッシュ・フロー	△XXX円
現金及び現金同等物の増減額	XXX円
現金及び現金同等物の期首残高	XXX円
現金及び現金同等物の期末残高	XXX円

Financial Statement 27

3つのキャッシュをどう読み取るか

C／Fからわかること

Point 1

営業C／Fはプラスが望ましい

本業の営業活動で得たキャッシュがプラスなら、それを将来に向けた投資や借入の返済に回せます。逆に営業C／Fがマイナスだと、次の営業活動に必要な資金も新たな借入などで調達が必要です。

営業C／Fは棚卸資産や法人税等の支払い増でマイナス！
投資C／Fは固定資産の取得などの支出でマイナス！
財務C／Fは借入による資金調達などでプラス！
キョクヨー
極洋

●㈱極洋のC／F

営業C／F	△1,721	マイナス
投資C／F	△5,707	マイナス
財務C／F	8,524	プラス

（単位：百万円、2024年3月期）

Point 2

投資C／Fは通常、マイナスになる

将来のための投資も会社の重要な経済活動です。現状に甘んじて投資をしない会社に未来はありません。そのため特別な事情がない限り投資C／Fは通常マイナスになります。

Point 3

財務C／Fのプラスは借入が返済を上回っている

財務C／Fは借入などの資金調達をしてキャッシュが増えればプラスになり、減ればマイナスになります。積極的な投資などのために借入を行っていればプラス、借入の返済を進めているならマイナスと考えられます。

固定資産の売却益が大きくて
投資C／Fはプラス！
財務C／Fは借入金の返済や
社債の償還で大きくマイナス！

小田急電鉄

●小田急電鉄㈱のC／F

営業C／F	71,626	プラス
投資C／F	23,435	プラス
財務C／F	△102,079	マイナス

（単位：百万円、2024年3月期）

3つのC／Fの読み方

	プラスなら	マイナスなら
営業C／F	本業でキャッシュが得られている（現金などが増えている）	本業でキャッシュが出ていっている（現金などの入りより出が多い）
投資C／F	会社の資産を売るなどしてキャッシュを得ている	キャッシュを支払って（投資をして）資産を得ている
財務C／F	借入などでキャッシュが入っている（キャッシュを得ている）	借入の返済などでキャッシュが出ていっている

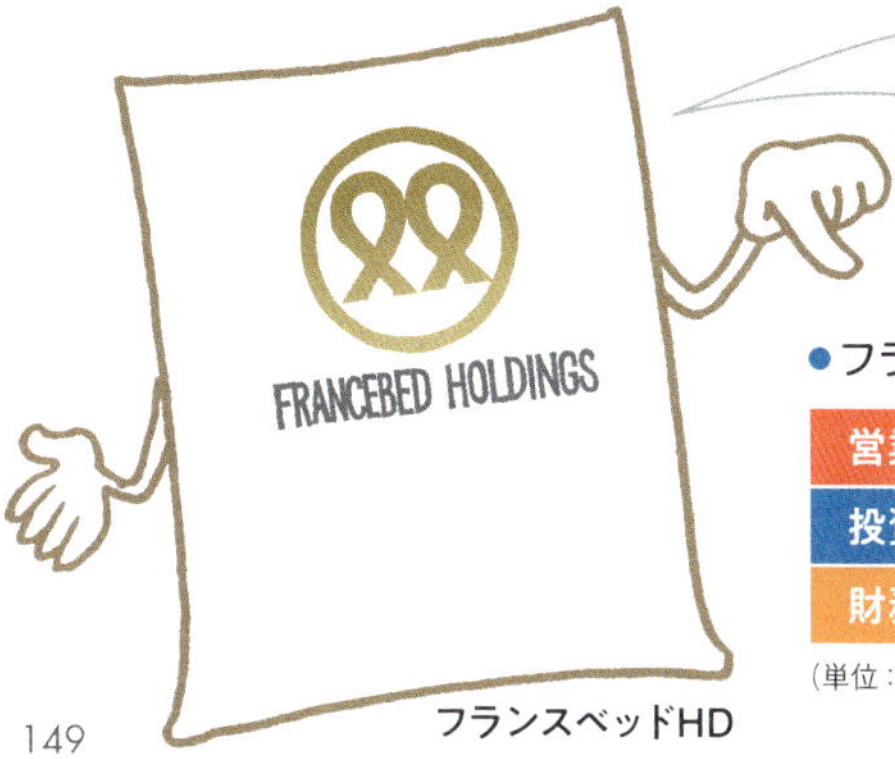
投資C／Fはマイナスだけど
新株予約権付社債の発行で
財務C／Fはわずかにプラス！
営業C／Fはプラス！

フランスベッドHD

●フランスベッドHD㈱のC／F

営業C／F	7,829	プラス
投資C／F	△5,616	マイナス
財務C／F	633	プラス

（単位：百万円、2024年3月期）

Point 1

営業C／Fは
プラスが望ましい

不良在庫や不良債権の増加で営業C／Fはマイナスに

一般的な営業C／Fの表示の仕方では、税引前の当期純利益に減価償却費など**キャッシュに関係ないものをプラス**し、在庫や売掛の増加など**キャッシュに関係するものをマイナス**して営業C／Fを表示します。そのため、不良在庫や不良債権が増加していると、営業C／Fが小さなプラスになったり、マイナスの表示になります。

●営業C／Fの主な科目

税引前当期純利益（連結決算では税金等調整前当期純利益）	一般的なキャッシュ・フロー計算書では、損益計算書の税引前当期純利益からキャッシュに関係ない項目を除き、関係する項目を加えて営業C／Fを表示する
減価償却費	減価償却費はキャッシュの支出を伴わない費用なので**プラス**
売上債権の増減額	回収できていない分を売上債権（売掛）の増加として**マイナス**
棚卸資産の増減額	売れ残った商品や使わなかった材料などを棚卸資産（在庫）の増加として**マイナス**
仕入債務の増減額	支払っていない分を仕入債務（買掛）の増加として**プラス**

営業C／F（キャッシュ・フロー）は、会社が**本業の営業活動で得たキャッシュの動き**です。営業C／Fが**プラスなら**本業でキャッシュを得られている、つまり**社業は好調**なことをあらわしています。逆にマイナスなら社業は不調と考えられます。営業C／Fが**小さなプラスやマイナスなら**、つくった製品が売れずに**不良在庫**となっていたり、代金回収が進まずに**不良債権化**している可能性があります。

また原則として投資C／Fと財務C／Fに含まれないものはすべて営業C／Fになります。主な科目は上図のとおりです。

Point 2

投資C／Fは通常、マイナスになる

資産の購入はマイナス、売却はプラスになる

投資C／Fの主な科目は下表にあげたとおり、有形固定資産、無形固定資産、投資有価証券などです。これらの資産を購入すればマイナスとなり、売却すればプラスになります。
通常、投資C／Fの増減はマイナスになりますが、プラスが良くないとも限りません。例えば、財務体質の改善のために不要の固定資産を売却してキャッシュに変えるのは、むしろ良いキャッシュ・フローといえます。投資C／Fはプラスかマイナスかだけでなく、その具体的な中身を見ることも大切です。

●投資C／Fの主な科目

有形固定資産	自社ビルなどの土地や建物の購入はマイナス、売却はプラス
無形固定資産	ソフトウエアなどを他社から購入するのはマイナス、他社に売却するのはプラス
投資有価証券	投資用の株式や債券などを購入するのはマイナス、売却するのはプラス

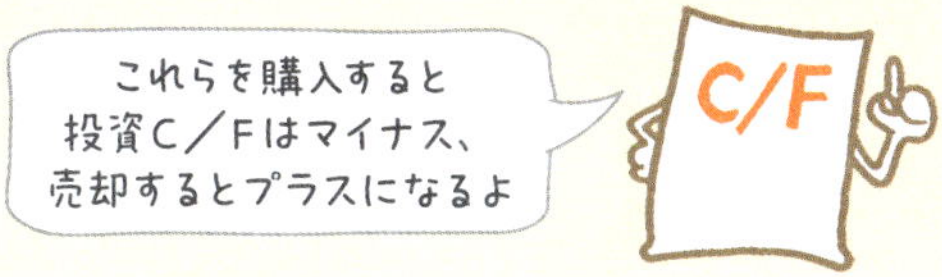
これらを購入すると
投資C／Fはマイナス、
売却するとプラスになるよ
C/F

投資C／Fは設備投資（固定資産の購入）など**将来の会社の成長に向けたキャッシュの動き**をあらわします。

資産を購入するとキャッシュが減ることになるので**マイナス**になり、売却するとプラスになります。

投資C／Fのマイナスというと良くない印象を受けるかもしれませんが、将来の成長に向けた投資は会社にとって必要なことであり、通常の経済活動の1つです。投資C／Fのマイナスは、むしろ将来のための投資ができているということであり、**多くの企業では通常マイナス**になります。

Point 3

財務C／Fのプラスは借入が返済を上回っている

資金の借入はプラス、返済はマイナスになる

資金調達の方法として銀行などからの借入が中心の会社では、一般に財務C／Fはマイナスが望ましいとされます。財務体質の面から見れば、借入すなわち借金の返済を進めたほうが好ましいからです。

しかし、例えば急成長中の会社ではむしろ積極的に借入を行い、設備投資などに必要な資金を調達したほうが良い場合もあります。そのため一概に財務C／Fがプラスなのは良くないとはいえません。

●財務C／Fの主な科目

長期・短期借入による収入	長期・短期の借入によりキャッシュが増えることになるのでプラス
長期・短期借入の返済による支出	長期・短期の借入金の返済によりキャッシュが減ることになるのでマイナス
配当金の支払額	配当金の支払いによりキャッシュが出ていくことになるのでマイナス

上場会社などでは他に、増資（新株の発行）、社債の発行（プラス）、自社株の取得（マイナス）なども

財務C／Fは長期・短期の借入など**資金調達に関わるキャッシュの動き**をあらわします。資金調達は営業活動や投資活動をスムーズに進めるためにも必要です。上場会社などでは資金調達のために新株発行（増資）や社債の発行を行いますが、一般的な会社での財務C／Fは上表のような科目になります。

借入などで資金調達を行って**キャッシュが増えればプラス**、減ればマイナスになります。つまり単純にいうと、借入が増えていればプラスで、借入の返済が進んでいればマイナスになります。

結局、C／Fはどう見ればいい？

3つのC／Fは個別に見ずに セットでキャッシュの状況を読み取る

営業・投資・財務の3つのキャッシュ・フローは、個別に見るのではなく、セットで、**関係性をもってキャッシュの状況を読み取る**ことが大切です。

例えば、**キャッシュ・フローが良い状態**とされるパターンには、営業C／Fがプラスで、投資C／Fがマイナス、財務C／Fがマイナスの状態があります（下図のパターン①）。

この場合、本業でキャッシュを稼げていて、将来に向けた投資もできており、借入金の返済も進んでいると見ることができるからです。

一方、本業でキャッシュが稼げていないため営業C／Fはマイナス、キャッシュ不足を資産の売却で補おうとして投資C／Fはプラス、それでも返済が進まず借金が増えて財務C／Fがプラスになっているような状態（下図のパターン④）だと、**会社の資金繰りは苦しく、倒産のリスクが高い**と見ることができます。

C／Fのパターン①

営業C／F ＋　投資C／F −　財務C／F −

- ✓ 本業でキャッシュを稼げている
- ✓ 将来のための投資をしている
- ✓ 借入の返済を進めている

▼

安定している会社

C／Fのパターン②

営業C／F ＋　投資C／F −　財務C／F ＋

- ✓ 本業でキャッシュを稼げている
- ✓ 将来のための投資をしている
- ✓ 積極的に資金調達を進めている

▼

成長している会社

C／Fのパターン③

営業C／F ＋　投資C／F ＋　財務C／F −

- ✓ 本業でキャッシュを稼げている
- ✓ 資産を売却して必要なキャッシュに変えている可能性あり
- ✓ 借入の返済を進めている

▼

資金繰りがやや厳しい会社

C／Fのパターン④

営業C／F −　投資C／F ＋　財務C／F ＋

- ✓ 本業でキャッシュを稼げていない
- ✓ 資産を売却して必要なキャッシュに変えている可能性あり
- ✓ 返済が進まず借入が増えている

▼

倒産の危険性がある会社

※パターン①〜④は他の要因も考えられる。

Financial Statement 28

C／Fを読めば こんなこともわかる

フリーキャッシュ・フロー、キャッシュ・フローマージン、
総資本キャッシュ・フロー

フリーキャッシュ・フロー

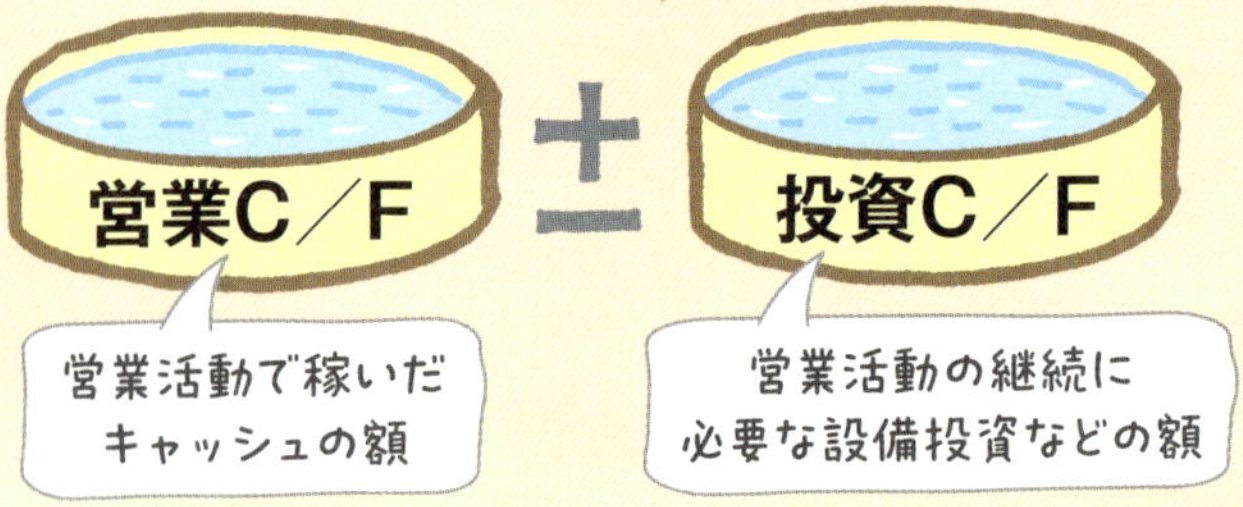

- 営業C／Fに投資C／Fを**加減する**※
- 会社が営業活動を続けるには**必要な設備投資などを継続する**必要があるとの考え方に基づく
- そのため固定資産の売却など**一時的な投資C／F**は差し引いて見る
- フリーキャッシュ・フローの数値が大きいほど、会社が**自由に使えるキャッシュが多い**ことをあらわす

※通常、投資C／Fはマイナス。

キャッシュ・フロー計算書からわかる代表的な経営指標が**フリーキャッシュ・フロー**です。文字どおり会社が自由に使えるキャッシュのことで、上図のように営業C／Fと投資C／Fから計算します。

この**数値が大きいほど良い**とされ、資金調達の心配なしに、迅速な設備投資や財務体質の改善のための借入金の返済、株主還元となる配当金の支払いなどが可能になります。

また**キャッシュ・フ**

キャッシュ・フローマージン

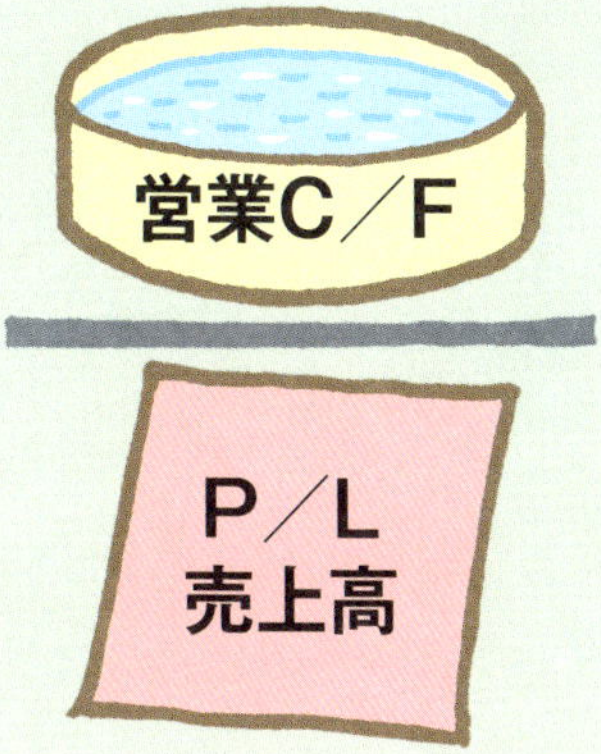

- 営業C／Fを**損益計算書の売上高で割った**比率。営業キャッシュ・フローマージンともいう
- 収益性（この場合は**キャッシュを稼ぐ力**）がわかる指標
- 損益計算書上で利益が出ていても、キャッシュ・フローマージンの数値が悪いと**黒字倒産の可能性**がある
- 数値の目安は**15%以上**とされる（業種による）

総資本キャッシュ・フロー

- 営業C／Fを**貸借対照表の総資本**（＝負債＋純資産）**で割った**比率。総資本営業キャッシュ・フロー比率ともいう
- どれだけの元手（総資本）を使って、どれだけのキャッシュを稼いでいるか、**資本の効率性**をあらわす指標
- **数値が大きいほど良い**ので、自社の過去の数値や業界平均の数値と比較してみる

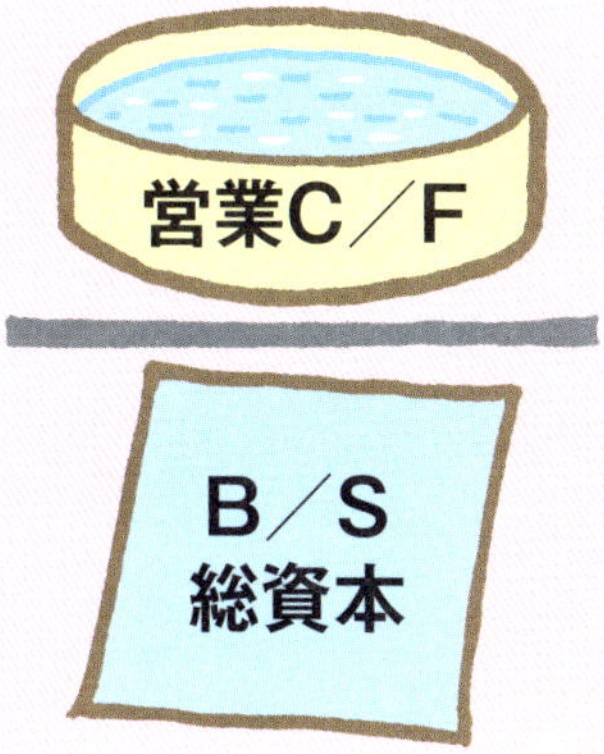

ローマージンもよく使われる指標です。これは会社の売上高のうち、どれくらいをキャッシュで獲得できたかをあらわします。**キャッシュをどれだけ効率的に稼いでいるか**がわかる指標です。

さらに、売上高（収益）ではなく、総資本（＝負債＋純資産）とキャッシュの関係を見ることもできます。それが**総資本キャッシュ・フロー**で、どれだけの資本で、どれくらいのキャッシュを稼いだか、**資本の効率性**をあらわす指標です。

Financial Statement 29

財務3表はどう関係しているか

3つの決算書はつながっている

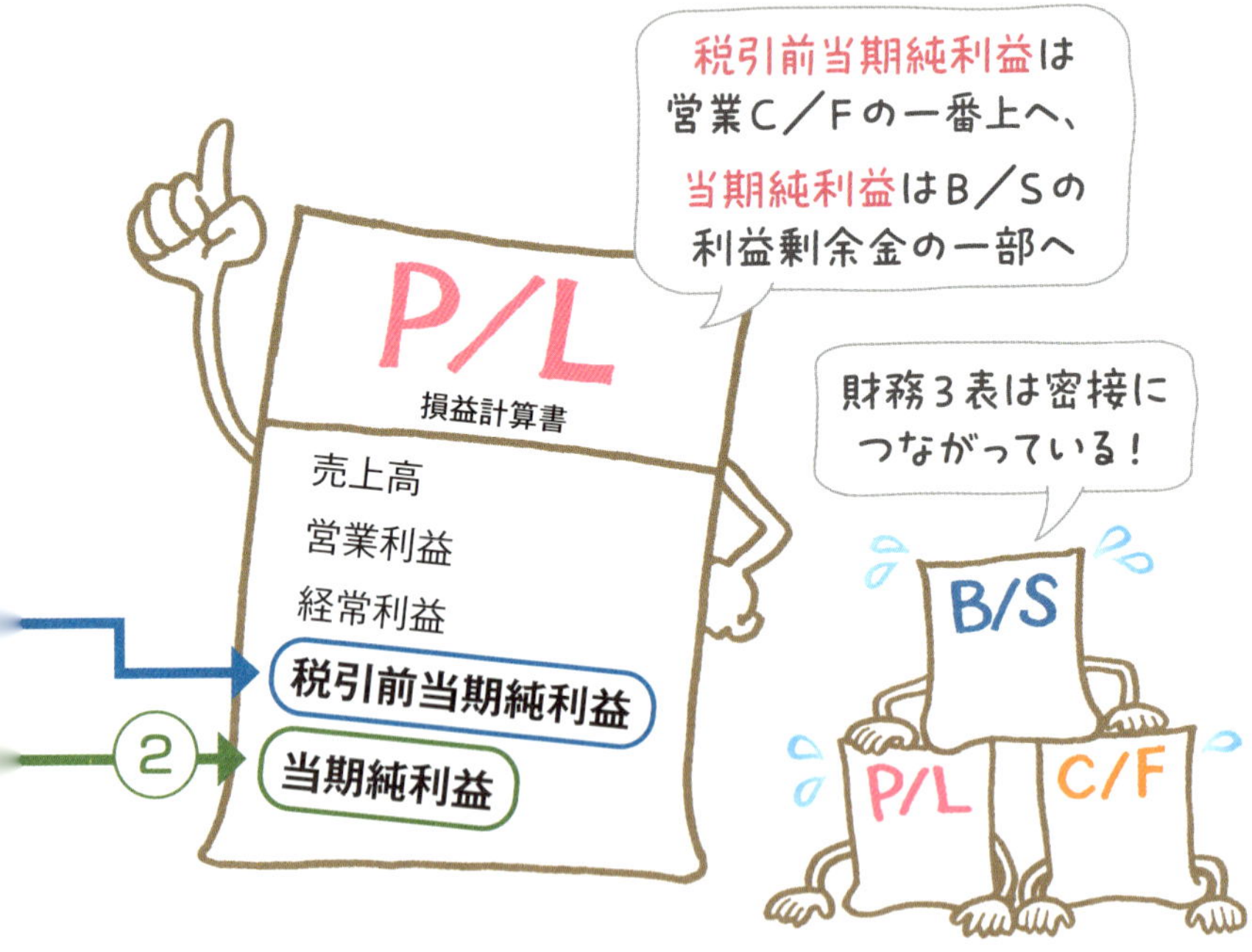
税引前当期純利益は
営業C／Fの一番上へ、
当期純利益はB／Sの
利益剰余金の一部へ
P/L
損益計算書
売上高
営業利益
経常利益
税引前当期純利益
2
当期純利益
財務3表は密接に
つながっている！
B/S
P/L
C/F

損益計算書（P／L）、貸借対照表（B／S）、キャッシュ・フロー計算書（C／F）の**財務3表**は、バラバラなものではなく、**つながりをもって**います。

まずP／LとC／Fの関係を見ると、C／Fの**営業C／FはP／Lの税引前当期純利益**を一番上におき、ここから減価償却費や受取利息、受取配当など、P／Lとは実際のキャッシュの動きにズレがある科目を調整（加減）します（上図①）。

また、P／LとB／S

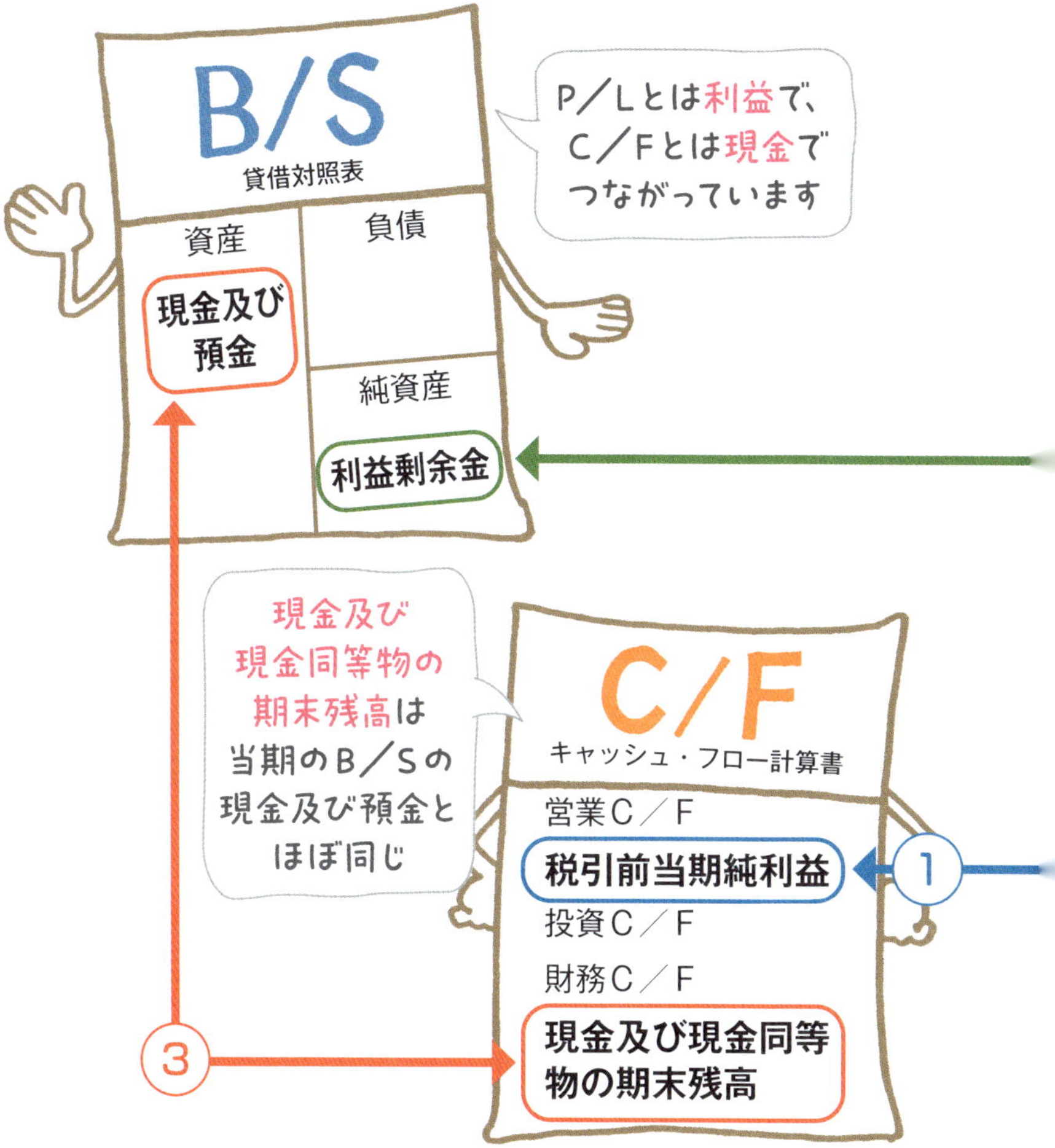

は利益でつながっています。**P／Lの当期純利益**は一部が株主への配当金に回され、一部が**B／S**の純資産の中の**利益剰余金**として会社に内部留保されます（上図②）。

さらに**C／F**の最下部に記載される**現金及び現金同等物の期末残高**は、**当期のB／S**の資産（流動資産）の中の**現金及び預金**の額とほぼ同じです※（上図③）。同様にC／Fの現金及び現金同等物の期首残高は、前期のB／Sの現金及び預金とほぼ同じです※。

※C／Fの現金同等物の扱いにより違いが生じる。

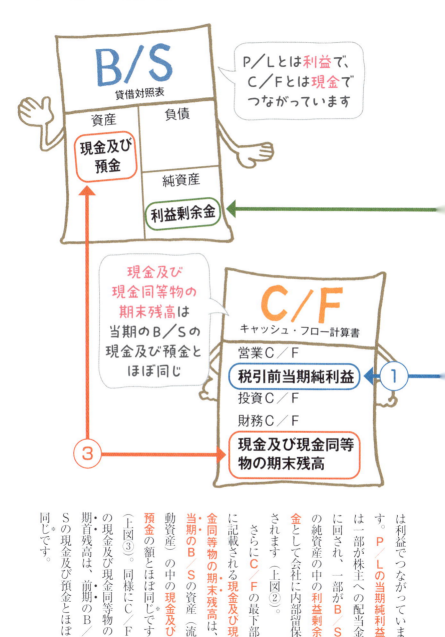

おわりに
conclusion

会計リテラシーの向上で、日本経済の成長へ！

最後までお読みいただき、誠にありがとうございました。

本書を読む前と比べて、決算書に対する印象がグッと身近になったのではないでしょうか。

「欧米企業と比べて日本企業は稼ぐ力が弱い」とよく言われています。その原因は、日本企業で働く人の会計リテラシーの欠如にあるのではないかと思っています。会計リテラシー向上の第一歩は、決算書を読むことです。日本のビジネスパーソン一人ひとりの会計リテラシーが向上すれば、日本企業の稼ぐ力が高まり、ひいては日本経済全体の成長につながると信じています。

まずは、自社の決算書、同業他社の決算書、取引先の決算書、有名企業の決算書など、あなたの興味のある会社からチェックしてみてはいかがでしょうか。

公認会計士　川口宏之

次に読む本

カンタン図解で圧倒的によくわかる！
［決定版］決算書を読む技術
著者：川口宏之、出版社：かんき出版

基礎的な決算書の読み方に留まらず、ROAやROEなどの経営指標やPBRやPERなどの株価指標など、中上級者向けの読み方も解説。

この1冊ですべてわかる **決算書の基本**
著者：川口宏之、出版社：日本実業出版社

一般的な決算書のみならず、建設業、銀行業、非上場企業、個人事業主、NPO法人、学校法人など、様々な種類の決算書についても幅広く解説。

有価証券報告書で読み解く 決算書の「超」速読術
著者：川口宏之、出版社：かんき出版

著書が提唱する決算書の速読術を、有名企業の事例を使って実践形式で解説。200ページほどある有価証券報告書から効率良く情報収集する方法がわかる。

監修者・川口宏之先生にもっと学びたい方へ

＜法人・団体向け＞
企業研修や講演のご依頼はコチラ
川口宏之・公式サイト
https://kawaguchihiroyuki.com/

＜個人向け＞
動画で決算書や会計を学習したい方はコチラ
オンライン学習プラットフォーム「Udemy」
https://www.udemy.com/user/chuan-kou-hong-zhi/

監修者

川口 宏之（かわぐち・ひろゆき）

1975年栃木県生まれ。公認会計士。

2000年より国内大手監査法人である有限責任監査法人トーマツ（旧・監査法人トーマツ）にて、主に上場企業の会計監査業務に従事。2006年から、みずほ証券（旧・みずほインベスターズ証券）にて、新規上場における引受審査業務（ＩＰＯ審査）などを担当。2007年に、ＩＴベンチャー企業の取締役兼ＣＦＯに就任。財務・経理・総務・法務・労務・資本政策・上場準備などを統括。2009年より、独立系の会計コンサルティングファームにて、ＩＦＲＳ導入コンサルティングや決算支援業務、財務デューデリジェンスなど、幅広い業務を経験。その後、2019年に独立。「監査法人」「証券会社」「ベンチャー企業」「コンサルティング会社」という４つの立場で「会計」に携わった経験を持つ、数少ない公認会計士として多くのクライアントから信頼を集める。現在は、これらの経験をもとに、実務に役立つ会計研修（上場企業の社員研修、公開セミナー、動画講座）など、講師活動を精力的に行っている。著書に、『［決定版］決算書を読む技術』、『有価証券報告書で読み解く　決算書の「超」速読術』（いずれも、かんき出版）、『決算書の基本』（日本実業出版社）などがある。「公認会計士・川口宏之オンラインスクール」主宰。

ホームページ　https://kawaguchihiroyuki.com/

サクッとわかる ビジネス教養　決算書

2025年１月25日　初版発行
2025年３月15日　第２刷発行

監修者　川口宏之
発行者　富永靖弘
印刷所　公和印刷株式会社

発行所　東京都台東区台東２丁目24　株式会社　新星出版社
〒110－0016　☎03（3831）0743

ISBN978-4-405-12028-0